utb 6026

Eine Arbeitsgemeinschaft der Verlage
Brill | Schöningh – Fink · Paderborn
Brill | Vandenhoeck & Ruprecht · Göttingen – Böhlau · Wien · Köln
Verlag Barbara Budrich · Opladen · Toronto
facultas · Wien
Haupt Verlag · Bern
Verlag Julius Klinkhardt · Bad Heilbrunn
Mohr Siebeck · Tübingen
Narr Francke Attempto Verlag – expert verlag · Tübingen
Psychiatrie Verlag · Köln
Ernst Reinhardt Verlag · München
transcript Verlag · Bielefeld
Verlag Eugen Ulmer · Stuttgart
UVK Verlag · München
Waxmann · Münster · New York
wbv Publikation · Bielefeld
Wochenschau Verlag · Frankfurt am Main

Matthias Rohs | Christian Bernhard-Skala | Johannes Bonnes | Julia Koller

Digitalisierung in der Erwachsenen- und Weiterbildung

Lehrbücher für die Erwachsenen- und Weiterbildung

wbv | utb 2023

Eine Lehrbuchreihe des Deutschen Instituts für Erwachsenenbildung – Leibniz-Zentrum für Lebenslanges Lernen e. V. (DIE)

Das DIE wird vom Bund und vom Land Nordrhein-Westfalen gefördert.

DIE Deutsches Institut für Erwachsenenbildung Leibniz-Zentrum für Lebenslanges Lernen

Wissenschaftliches Lektorat: Inga Enderle, Thomas Jung

Gesamtherstellung:
wbv Media GmbH & Co. KG, Bielefeld
wbv.de

Einbandgestaltung: siegel konzeption | gestaltung
Layout und Satz: Christiane Zay, Passau

Umschlagfoto: depositphotos/NewAfrica

Band 7, Bestellnummer: utb 6026

ISBN (Print): 978-3-8252-6026-2
Online-Angebote oder elektronische Ausgaben sind erhältlich unter www.utb-shop.de

Printed in Germany

Bibliografische Information der Deutschen Nationalbibliothek
Die Deutsche Nationalbibliothek verzeichnet diese Publikation in der Deutschen Nationalbibliografie; detaillierte bibliografische Daten sind im Internet über http://dnb.d-nb.de abrufbar.

Inhalt

Einblick in die Kapitel

Dieses Kapitel führt in das Thema Digitalisierung ein, stellt zentrale Begriffe vor und ordnet diese in ihren jeweiligen Bezugsrahmen, in theoretische Hintergründe und in aktuelle Forschungsperspektiven ein, die für die Erwachsenen- und Weiterbildung von Bedeutung sind. In einem zweiten Schritt werden digitale Phänomene vorgestellt und im sogenannten Mehrebenensystem der Erwachsenen- und Weiterbildung verortet.

In diesem Kapitel werden die Bedeutung der digitalen Informations- und Lernressourcen sowie der Kompetenzen für das Lernen mit digitalen Medien diskutiert. Besondere Aufmerksamkeit wird dabei auf das informelle und selbstgesteuerte Lernen außerhalb organisierter Erwachsenen- und Weiterbildung sowie die damit verbundenen Chancen und Risiken gelegt.

In diesem Kapitel werden exemplarisch Begriffe der digitalen Technik erläutert, die das Handlungsfeld und den Diskurs in der Erwachsenen- und Weiterbildung beeinflusst haben. Sie werden zunächst in ihrer Herkunft und gesamtgesellschaftlichen Bedeutung vorgestellt und dann in ihrer Bedeutung für die Erwachsenen- und Weiterbildung erläutert.

In diesem Kapitel wird die Entwicklung des Diskurses zur Digitalisierung in der Forschung sowie in der Praxis der Erwachsenen- und Weiterbildung nachgezeichnet. Dabei wird auch auf die Entwicklung des Einsatzes von digitalen Medien eingegangen. Das Verhältnis zwischen digitalen Medien und Erwachsenen- und Weiterbildung zeigt sich historisch als sehr ambivalent. Auf der einen Seite hat die Erwachsenen- und Weiterbildung sich immer schon interessiert neuen Medien zugewandt, auf der anderen Seite zeigten sich aber immer auch Widerstände.

In diesem Kapitel wird erläutert, inwiefern die Digitalisierung zu einem wichtigen Gegenstand der Weiterbildungspolitik geworden ist und Auswirkungen auf das Weiterbildungssystem gezeitigt hat. Dabei werden sowohl rechtliche und finanzielle Folgen der Digitalisierung als auch Veränderungen der datengestützten Steuerung des Weiterbildungsbereichs und bildungspolitische Initiativen zur Schaffung digitaler Infrastrukturen erkundet. Darüber hinaus wird in diesem Kapitel auf den Stand der Digitalisierung in anderen Ländern, mit Fokus auf die Erwachsenen- und Weiterbildung, geschaut.

In diesem Kapitel wird erläutert, wie sich die Digitalisierung angesichts einer dynamischen Marktsituation in der Erwachsenen- und Weiterbildung auf das Verhältnis von Anbietern und ihrer institutionellen Umwelt auswirkt. Hierbei zeigen sich die Auswirkungen nicht nur im Bereich der Angebotsstrukturen. Vielmehr lassen sich zusätzliche Anforderungen der Digitalisierung im Bereich der digitalen Infrastrukturen identifizieren. Sie bilden die Voraussetzung für gelingende Bildungs- und Lernprozesse sowie die Basis für Kooperationen. So werden die Digitalisierungsstrategien von Weiterbildungsanbietern und verschiedene Varianten von Organisationsentwicklungsprozessen dargestellt.

Das Kapitel beschreibt die organisatorischen und programmplanerischen Rahmenbedingungen des Lehrens und Lernens Erwachsener mit und über digitale Medien. Aus einer organisationstheoretischen Perspektive wird auf Management- und Verwaltungsprozesse geschaut, die sowohl dem Gewinnen und Binden von Teilnehmenden als auch von Lehrkräften und nicht zuletzt der Qualitätssicherung dienen.

In diesem Kapitel werden der Einsatz und die Nutzung digitaler Lehr-Lern-Medien vor der Folie didaktischer und lerntheoretischer Ansätze in der Erwachsenen- und Weiterbildung diskutiert. Dabei werden Diskurslinien, Grundfragen und insbesondere eine auf die Erwachsenen- und Weiterbildung bezogene Diskussion um Mikrodidaktik in einer digitalisierten Welt sichtbar. In einem eigenen Abschnitt wird Weiterbildungsberatung im Kontext von digitalen Medien reflektiert.

In diesem Kapitel werden zentrale Anforderungen für kompetentes berufliches Handeln von Erwachsenenbildnerinnen und Erwachsenenbildnern in einer digitalisierten Welt benannt. Die kompetente Anwendung digitaler Lehr-Lern-Medien und die Vermittlung von Medienkompetenz bilden Grundlagen erwachsenenpädagogischen Handelns. Zudem werden Ergebnisse zum medienpädagogischen Kompetenzstand und Angebote zur individuellen Professionalisierung dargestellt.

In diesem Kapitel werden Veränderungen in der Weiterbildungsforschung vorgestellt, die mit der Digitalisierung einhergehen. Sie werden einerseits im Bereich der Forschungsgegenstände und andererseits in neuen Möglichkeiten und Herausforderungen für Forschende sichtbar. Neben der zunehmenden Leistungsfähigkeit digitaler Infrastrukturen zu Datenerhebungs-, -aufbereitungs- und -auswertungsprogrammen zählen dazu vor allem neue Methoden und Strategien zur Erforschung von digitalen Phänomenen.

In diesem Kapitel werden aktuelle Phänomene der Digitalisierung aufgegriffen, deren Auswirkungen auf die Erwachsenen- und Weiterbildung aktuell noch nicht abzusehen sind. Darüber hinaus wird darauf eingegangen, welche Informations- und Orientierungsmöglichkeiten für operatives und strategisches Handeln im Kontext der Digitalisierung möglich sind.

Einleitung

Die Digitalisierung ist kein neuer, aber dafür ein hoch dynamischer Prozess, welcher die Frage aufwirft, ob ein vergleichsweise „langsames" Medium wie das Lehrbuch geeignet ist, dieses Thema zu behandeln, ohne „chronisch verspätet" zu sein, wie es Staudt und Kriegesmann (2002) für die organisierte Weiterbildung einst festgestellt haben. Dem ist entgegenzuhalten, dass digitale Phänomene, also alle Facetten der menschlichen Lebenswelt, die an die Verfügbarkeit von digitalen (Infra-)Strukturen gebunden sind – das sind bspw. Erstellung von Datensätzen über menschliche Handlungen, Selbstdarstellung und Identitätskonstruktion in der Infosphäre, disruptive Effekte in der Arbeitswelt, politische Artikulation über Social Media oder Veränderungen kultureller Praktiken – nicht allein aus dem Heute analysiert und bewertet werden können, sondern als Teil eines langen Prozesses zu fassen sind. Betrachtet man die digitalen Phänomene nicht nur vor der Folie ihrer Halbwertszeit als kurzfristige Trends und Technologien, so zeigt sich zum einen, dass die Geschichte des Verhältnisses von digitalen Medien und Erwachsenen- und Weiterbildung sowohl neue Sichtweisen auf die aktuellen Entwicklungen erlaubt als auch Reflexionsmöglichkeiten für zukünftige Entwicklungen bietet. Zum anderen wird deutlich, dass die technologischen Entwicklungen ihre Wirkung unterschiedlich schnell entfalten.

Diese Beobachtung gilt nicht nur für die Erwachsenen- und Weiterbildung, sondern für alle gesellschaftlichen Bereiche. Die Auswirkungen der Digitalisierung können aber erst dann ethisch, rechtlich und pädagogisch reflektiert werden, wenn sie gesellschaftlich sichtbar sind. So kann auch die Erwachsenen- und Weiterbildung den mit der Digitalisierung verbundenen Bedarf, gesellschaftliche Veränderungen durch Lern- und Bildungsprozesse zu begleiten, etwa im Rahmen kritischer Analyse oder beruflicher Qualifizierung, nur reaktiv beantworten. Gleichzeitig ist sie selbst von tiefgreifenden Veränderungen durch technologische Entwicklungen betroffen.

Die Covid-19-Pandemie hat gezeigt, dass gerade die allgemeine Erwachsenen- und Weiterbildung nur unzureichend auf eine Digitalisierung ihres Angebots vorbereitet war. Die Pandemie kann also auch als ein Weckruf für eine medienpädagogische Professionalisierung ihres Personals verstanden werden. Hierzu soll dieses Lehrbuch einen Beitrag leisten. Dabei wird die Digitalisierung nicht als Allheilmittel für strukturelle Probleme des Feldes gesehen, sondern als ein gesellschaftliches Phänomen, gegenüber dem sich die Erwachsenen- und Weiterbildung positionieren muss.

Dabei spielt die erwachsenenpädagogische Digitalisierungsforschung eine wichtige Rolle, indem sie neue Möglichkeiten der Digitalisierung für die Erwachsenen- und Weiterbildung entdeckt, Risiken aufdeckt und Antworten auf neue Herausforderungen findet. Sie bietet die Möglichkeit, die erwachsenenpädagogische Praxis sowie ein pädagogisch verantwortliches und ethisch rückgebundenes Handeln in einer digitalisierten Welt zu reflektieren.

Dieses Lehrbuch führt in verschiedene Aspekte der Digitalisierung im Handlungs- und Forschungsfeld der Erwachsenen- und Weiterbildung ein. Die Differenz zwischen technologischer Dynamik der letzten Jahre und der Eigendynamik wissenschaftlicher Wissensproduktion bzw. -kommunikation dokumentiert sich auch in diesem Lehrbuch, wobei anhand des Alters mancher Teile des Forschungsstandes zugleich Forschungsdesiderata erkennbar werden. Weiterführende Literaturhinweise geben die Möglichkeit, sich mit ausgewählten Aspekten intensiver auseinanderzusetzen. Darüber hinaus stellen die Arbeitsaufträge am Ende eines jeden Kapitels eine Möglichkeit dar, die referierten Inhalte mit eigenem Vorwissen, genuinen Interessen sowie aktuellen Entwicklungen im eigenen Handlungsfeld in Verbindung zu bringen. In vielen Fällen gibt es daher auch nur individuelle Lösungen für die gestellten Aufgaben.

Mit → *Kapitel 1* „Begriffe, Phänomene und Perspektiven" wird zunächst das Themenfeld der Digitalisierung abgesteckt. Dabei wird in zentrale Begriffe und Konzepte eingeführt, die Voraussetzung für das Verständnis der folgenden Ausführungen sind. In → *Kapitel 2* „Bildung und Lernen Erwachsener in einer digitalisierten Welt" werden die Auswirkungen der Digitalisierung auf das Lernen betrachtet, wobei hier zunächst das nicht organisierte Lernen im Mittelpunkt steht. In → *Kapitel 3* werden „Digitale Technologien in der Erwachsenen- und Weiterbildung" betrachtet, welche zur Unterstützung des Lehrens und Lernens eingesetzt werden. In → *Kapitel 4* „Digitalisierung als Feld der Erwachsenen- und Weiterbildung" wird in einem kurzen historischen Abriss das ambivalente Verhältnis der Erwachsenen- und Weiterbildung zur Digitalisierung erläutert. Hieran schließen sich Betrachtungen zur Auswirkung der Digitalisierung auf verschiedene Bereiche der Erwachsenen- und Weiterbildung an. Dazu wird in → *Kapitel 5* „Weiterbildungspolitik und -steuerung in der digitalen Transformation" auf die Makroebene Bezug genommen. Hieran schließt sich in → *Kapitel 6* „Weiterbildungsanbieter und -angebote in einer digitalisierten Welt" ein Einblick in die Angebotsgestaltung auf der Mesoebene an. Im Rahmen von → *Kapitel 7* „Erwachsenenpädagogisches Handeln auf Ebene von Programmen und Organisationen" werden diejenigen Prozesse angesprochen, die dazu nötig sind, dass Organisationen der Erwachsenen- und Weiterbildung im Kontext der Digitalisierung Angebote und Programme erstellen. Zudem werden hier Anforderungen an das Management von Einrichtungen angesprochen. Das → *Kapitel 8* „Erwachsenenpädagogisches Handeln auf der Ebene von Lehre und Beratung" beleuchtet die mikrodidaktische Ebene der Gestaltung von Lehr-Lern-Prozessen in einer digitalisierten Welt. Die neuen Kompetenzanforderungen, die sich aus der Digitalisierung für eine Tätigkeit in der Erwachsenen- und Weiterbildung ergeben, sind Gegenstand von → *Kapitel 9* „Medienpädagogische Professionalisierung". Dieses Kapitel beleuchtet auch Veränderungen auf die Professionalisierung des erwachsenenpädagogischen Personals. In → *Kapitel 10* „Weiterbildungsforschung in einer digitalisierten Welt" wird auf die Veränderungen eingegangen, welche die Forschung im Feld der Erwachsenen- und Weiterbildung durch die Digitalisierung erfährt. Abschließend werden in → *Kapitel 11* „Perspektiven der Digitalisierung in der Erwachsenen- und Weiterbildung" gegenwärtige Entwicklungen nachgezeichnet, welche für eine strategische Planung und Abschätzung zukünftiger Entwicklungen hilfreich sein können.

Das folgende Fallbeispiel soll die Komplexität der Auswirkungen der Digitalisierung auf die Praxis und der sich daraus ableitenden Anforderungen an die in der Erwachsenen- und Weiterbildung Tätigen deutlich werden lassen. Anhand des fiktiven Falls von Katja K. werden Kapitel für Kapitel andere Herausforderungen benannt, die für die Praxis in einer Einrichtung der Erwachsenen- und Weiterbildung relevant sein können.

Katja K., Absolventin eines erwachsenenpädagogischen Masterstudiengangs, hat ihre erste Stelle bei einem öffentlichen Weiterbildungsanbieter in einer mittleren Großstadt angetreten. Sie steht vor der Aufgabe, sowohl die internen Strukturen als auch das Angebot an die veränderten gesellschaftlichen Anforderungen anzupassen. Bei der Einrichtung handelt es sich um einen freien Weiterbildungsanbieter (gGmbH), der im öffentlichen Auftrag agiert. Er verfügt über ein breites Kurs- und Beratungsangebot in den Bereichen allgemeine, politische und kulturelle Erwachsenenbildung sowie der beruflichen Weiterbildung für ortsansässige Betriebe und hält Angebote für ortsansässige Betriebe vor. Die Einrichtung ist auch in der arbeitsmarktnahen Weiterbildung für Arbeitssuchende und für von Arbeitslosigkeit bedrohte Menschen wie auch im Bereich inklusive Bildung und Integration von Menschen mit Migrations- oder Fluchtgeschichte aktiv. Die Einrichtung verfügt über ein großes regionales Netzwerk, das über die Stadt hinaus besteht – und zwar sowohl mit anderen Bildungsanbietern als auch mit lokalen Behörden, Vereinen, Betrieben und Gewerkschaften.

Die „Digitalisierung" ist in den letzten Jahren etwas vernachlässigt worden. Daher ist es nun Aufgabe von Frau K., den Anbieter zukunftsweisend und profilschärfend strategisch aufzustellen. Das Landesministerium für Kultur und Bildung unterstützt dieses Vorhaben und fördert die Stelle von Frau K. für zwei Jahre.

In Bezug auf Digitalisierung hat die Einrichtung bislang einige Aktivitäten vorzuweisen. Seit Langem bietet sie entsprechend ihres öffentlichen Auftrags Schulungen zum Erwerb sowohl digitaler Kompetenzen für weniger digital affine Zielgruppen als auch spezieller Fachkompetenzen im Bereich Layout und Design für die digitale Avantgarde an. Die Veranstaltungen finden in der Regel in Präsenz statt; zudem werden auch komplett digitale Lernangebote und Informationsabende durchgeführt, dies insbesondere in den Bereichen Sprachen und berufliche Kompetenzen.

Mit der Covid-19-Pandemie sind in relativ kurzer Zeit weitere Formate in bisher wenig digitalisierten Bereichen, wie den Integrationskursen, entwickelt worden. Hilfreich war dazu die seitens eines großen Bildungsnetzwerks angebotene Cloud-

Plattform. Die Beratungsangebote finden dabei ausschließlich in Präsenz statt, weil der persönliche Kontakt bei der Beratung seitens der Geschäftsführung als sehr wichtig angesehen wird.

Mit der technischen Ausstattung bewegt sich die Einrichtung auf einem guten Standard. Alle Arbeitsplätze sind soweit digitalisiert, dass ein partielles Arbeiten im Home-Office möglich ist. Die digitale Infrastruktur, wie WLAN, erfüllt grundlegende Anforderungen an den Kursbetrieb. In den letzten Jahren wurden aber immer wieder Mängel sichtbar, da es viele Lösungen gibt, die aus einzelnen Bedürfnissen heraus entwickelt wurden. Ein systematisches Vorgehen fehlt bisher. Die Homepage ist in die Jahre gekommen. Immerhin ist sie an eine Datenbank für Teilnehmermanagement angeschlossen und bietet eine funktionierende Suche von Kursen. Der Social-Media-Account wird ein- bis zweimal pro Woche mit Neuigkeiten aktualisiert. Im Haus ist auch ein kleines Café, in dem WLAN verfügbar ist. Hier sitzen Besucher und Besucherinnen mit ihren Laptops.

Frau K. hat eine einschlägige Masterarbeit mit sehr gutem Ergebnis abgeschlossen. Während des Studiums arbeitete sie als Praktikantin und später als Werkstudentin in einem Verband auf einer ähnlichen Stelle.

In den ersten Wochen ihrer neuen Anstellung soll sie gemeinsam mit der Einrichtungsleitung einen Maßnahmenplan für die kommenden zwei Jahre entwickeln. Nach der Umsetzung soll der Status evaluiert und über die Fortsetzung ihrer Beschäftigung entschieden werden …

1

Begriffe, Phänomene und Perspektiven

Dieses Kapitel führt in das Thema Digitalisierung ein, stellt zentrale Begriffe vor und ordnet diese in ihren jeweiligen Bezugsrahmen, in theoretische Hintergründe und in aktuelle Forschungsperspektiven ein, die für die Erwachsenen- und Weiterbildung von Bedeutung sind. In einem zweiten Schritt werden digitale Phänomene vorgestellt und im sogenannten Mehrebenensystem der Erwachsenen- und Weiterbildung verortet.

Lernziele

- Grundbegriffe im Kontext der Digitalisierung benennen können
- Unterschiede in den Perspektiven auf diese Grundbegriffe erklären können
- Digitale Phänomene hinsichtlich der entsprechenden Grundbegriffe unterscheiden können

Seit Jahren schon stößt Frau K. sowohl im Alltag als auch bei der Befassung mit Bildungsthemen auf den Begriff „Digitalisierung“. Auch in ihrem Stellenprofil findet sich die Formulierung „Stabsstelle Digitalisierung“. Doch wo fängt Digitalisierung an und wo hört sie auf? Zudem sprechen ihre Kolleginnen und Kollegen hin und wieder von „Digitalität“ und von „digitaler Transformation“. Wie hängt das miteinander zusammen? Die Begriffe werden in unterschiedlichen Kontexten benutzt und manchmal vermischt. Um hier Klarheit zu schaffen, stellt Frau K. zuerst einen Überblick über Definition und Hintergründe von Begriffen und Konzepten zusammen. Das sollte die Kolleginnen und Kollegen dabei unterstützen zu unterscheiden, in welchen Bereichen ihres Weiterbildungsanbieters sie Veränderungen angehen können.

1.1 Zentrale Begriffe

Während in den 1990er Jahren Begriffe wie „Informations- und Kommunikationstechnik“ (IKT) und „Neue Medien“ im Fokus standen, wird seit geraumer Zeit über „Digitalisierung“, „Digitalität“, „digitale Transformation“, „Mediatisierung“ und „Datafizierung“ gesprochen. In wissenschaftlichen Diskursen wie in gesellschaftlichen Diskussionen ist der Begriff „Digitalisierung“ am weitesten verbreitet. Als Beispiel aus dem Alltag ließe sich hierfür das Einscannen von Büchern in Bibliotheken mittels optischer Sensoren anführen.

Definition

Digitalisierung

„Umwandlung analoger Werte in digitale Formate, die von Rechnern gelesen und weiterverarbeitet werden können“ (Baecker, 2018, S. 59).

In der Praxis der Erwachsenen- und Weiterbildung wird der Begriff „Digitalisierung“ für unterschiedliche Aspekte verwendet. Er wird in Verbindung gebracht mit:

(1) dem Einsatz digitaler Medien und Infrastrukturen sowie deren reflexive Thematisierung in Lehr-Lern-Interaktionen,
(2) der Gestaltung organisationaler Prozesse innerhalb wie außerhalb der jeweiligen Einrichtung sowie
(3) auf die Digitalisierung bezogenen Vorgaben und Steuerungsmaßnahmen der übergeordneten politischen Akteure (Bernhard-Skala et al., 2021).

Darüber hinaus existieren weitere Begriffe, durch die sich digitale Phänomene, wie digitale Plattformen oder die gesellschaftliche Verbreitung von Selbstdarstellung im digitalen Raum, beschreiben lassen.

Die technische Grundlage der digitalen Phänomene bildet die „Datafizierung", von der immer dann gesprochen wird, wenn es um die Speicherung und Verarbeitung von Daten sowie deren systematische Nutzung geht.

Definition

Datafizierung

Der Begriff beschreibt die zumeist technisch vermittelte Überführung sozialer Prozesse und Praktiken in überwiegend digitale, verobjektivierende Daten(-sätze) und deren Nutzung (Houben & Prietl, 2018, S. 324).

Beispiel

Als Datafizierung lassen sich folgende Prozesse verstehen:

- Erhebung und Verarbeitung von Nutzungsdaten für individualisierte Werbung
- Erhebung und Verarbeitung von Weiterbildungsinteressen für zielgenaues Bildungsmarketing

Daneben existiert die Perspektive der „digitalen Transformation". Mit diesem Begriff wird das Verhältnis zwischen den vielfältigen Möglichkeiten von digitalen (Infra-)Strukturen, wie dem Internet und den darauf basierenden Architekturen, und ihrer faktischen gesellschaftlichen Durchsetzung gefasst.

Definition

Digitale Transformation

„Sukzessive Verfestigung neuartiger soziotechnischer Prozesszusammenhänge durch die soziale Aneignung digitaltechnischer (Infra-)Strukturen und die damit verbundene Rekonfiguration gesellschaftlicher Ordnungsmuster" (Schrape, 2021, S. 87).

Beispiel

Mit dem Begriff „digitale Transformation" lassen sich folgende Phänomene fassen:

- Verbreitung neuer Social-Media-Apps
- Akzeptanz digitaler Infrastrukturen beim Personal und den Zielgruppen in Einrichtungen der Erwachsenen- und Weiterbildung

Zudem werden bestimmte digitale Phänomene dem Begriff „Digitalität" zugeordnet. Dies geschieht immer dann, wenn ein gesellschaftlicher Zustand beschrieben werden soll, in dem digitale (Infra-)Strukturen etabliert sind.

Definition

Digitalität

„Set von Relationen, das heute auf Basis der Infrastruktur digitaler Netzwerke in Produktion, Nutzung und Transformation materieller und immaterieller Güter sowie in der Konstitution und Koordination persönlichen und kollektiven Handelns realisiert wird" (Stalder, 2017, S. 18).

Beispiel

Mit dem Begriff „Digitalität" lassen sich folgende Phänomene fassen:

- Entstehung von neuen sozialen Bewegungen, wie #MeToo
- Diskussion von Fragen des gesellschaftlichen Zusammenhalts in einer digitalen Welt

Medien (lat. *medium*) bedeutet: in der Mitte, dazwischen liegend, vermittelnd

Während der Begriff „Digitalisierung" eine begriffliche Annäherung an das Phänomen der Übertragung analoger in digitale Daten darstellt, war die Erwachsenen- und Weiterbildung in ihrer bisherigen Annäherung an digitale Phänomene eher mit Konzepten befasst, die sich vom Begriff „Medien" herleiten. Eine erwachsenenpädagogische Mediengeschichte beginnt beim Buchdruck. Sie verläuft weiter über die zeitgleich entstandenen Flugblätter, die zum Zwecke der Aufklärung verwendet wurden, über den Fernseher als Bildungsmedium, das sogenannte „Funkkolleg" der 1960er Jahre und das „Telekolleg" der 1970er Jahre bis zu den gegenwärtigen digitalen Medien.

Die Bezüge zu „Medien", wie sie in der Erwachsenen- und Weiterbildung diskutiert werden, stehen eng in der Tradition der Disziplin der Medienpädagogik, die sich mit Medienbildung, Mediennutzung und Medienerziehung beschäftigt und auf Annahmen der Semiotik sowie der Medien- und Kommunikationswissenschaft basiert.

Definition

Medien

Medien können semiotisch als Zeichen verstanden werden. Ein Zeichen besitzt drei Glieder, das Objekt, das Zeichenmittel (z. B. ein Bild, ein Wort, ein Diagramm) und den Interpretanten, durch den die Bedeutung des Zeichens hervorgebracht wird. Das Zeichenmittel bezieht Gegenstand und Bedeutung aufeinander. Erst alle drei Elemente zusammengenommen ergeben das Zeichen. Durch seine Interpretation wird ein Zeichenkörper zu einer kommunizierten Bedeutung (Pietraß, 2016).

Ein bekannter früher Medientheoretiker, Marshall McLuhan, ging von einem sinnlichen Zusammenhang zwischen Menschen und Medien aus. Medien werden als Vermittler verstanden, die den menschlichen Körper um bestimmte Fähigkeiten ausdehnen. Das Auto sei demnach eine Ausdehnung („*extension*") der Füße, die Kamera eine Ausdehnung der Augen, das Telefon eine Ausdehnung der Sprache. Zentral ist dabei der vielzitierte Satz „The medium is the message" (McLuhan 1964), mit dem

Herbert Marshall McLuhan (1911–1980), kanadischer Philosoph und Kommunikationswissenschaftler

McLuhan deutlich macht, dass sich das Medium nicht als rein neutraler Vermittler zwischen den Menschen und seine sinnliche Wahrnehmung schiebt, sondern gewissermaßen eine eigene Agenda mitvermittelt.

Einen weiteren Gegenstand für Diskussionen boten den Medientheoretikern die sogenannten Massenmedien (z. B. das Fernsehen). So setzte sich Niklas Luhmann (1996) damit auseinander, dass Massenmedien nicht nur Informationen über die Welt übertragen, sondern in einem komplexen Prozess von Produktion und Reproduktion eine eigene Realität konstruieren.

Bei der Kommunikation mittels Zeichen spielt Technik von jeher eine zentrale Rolle. Diese Bedeutung nimmt gegenwärtig immer weiter zu. Mit Blick auf die Rolle von Technik in der Kommunikation lassen sich daher Art und Ausmaß der technischen Durchdringung von Medien unterscheiden (Tabelle 1).

Tabelle 1

Unterscheidung von Medien in Abhängigkeit von ihrer technischen Durchdringung (Faßler, 1997)

Begriff	**primäre Medien**	**sekundäre Medien**	**tertiäre Medien**	**quartäre Medien**
Beschreibung	elementare menschliche Kommunikation, die ohne technische Hilfsmittel zur Produktion und Reproduktion auskommt	technisch hervorgebracht, benötigen aber zur Rezeption keine Geräte	sowohl produziert als auch rezipiert über technische Geräte	interaktive Systeme, bei denen sich das klassische Verhältnis von Sender und Empfänger aufhebt und interaktiv, auch technisch rückgekoppelt, kommuniziert wird
Beispiel	Sprache und Gesten	Buchdruck und Fotografie	Radio, Fernsehen, E-Mail	Social Media, KI, immersive und virtuelle Realitäten

Medienpädagogik als Querschnittsdisziplin der Erziehungswissenschaft

Ähnlich wie es bereits bei den Begriffen, die digitale Phänomene beschreiben, gezeigt wurde, werden auch mit dem Begriff „Medien“ unterschiedliche Bedeutungen verbunden. In der Medienpädagogik wird allerdings stärker der vermittelnde Einfluss des in der Kommunikation verwendeten Mediums betont. Dies wird deutlich, wenn man sich Medien nach der obigen Definition als Zeichen vorstellt, die im Verhältnis von Gegenstand, Mittel und Interpretation Bedeutung herstellen.

Digitale Medien verändern die Kommunikation. Dabei beeinflussen Medien die Art und Weise, wie Informationen, Wissen und Austausch geschehen. Mit dem von Hepp (2018) eingeführten Begriff „tiefgreifende Mediatisierung“ wird die heute erreichte Omnipräsenz digitaler Medien sowie die lebensweltliche Eingebundenheit der Menschen zu fassen versucht.

Beispiel

Mit dem Begriff „tiefgreifende Mediatisierung" lassen sich folgende Phänomene fassen:

- Soziales Verhalten in öffentlichen Verkehrsmitteln bei Nutzung von Smartphones
- Self-Tracking, z.B. von Gesundheits-, Schlaf- und Aktivitätsdaten, durch tragbare Geräte

Linktipp

In diesem Video kommentiert Andreas Hepp sein Buch „Auf dem Weg zur digitalen Gesellschaft" und verdeutlicht das Prinzip der tiefgreifenden Mediatisierung in der sozialen Welt

→ https://www.youtube.com/watch?v=HvByXgJ3I0M

1.2 Perspektiven der Wissenschaft

In der Erziehungswissenschaft und den Nachbardisziplinen Informatik, Soziologie, Kultur- sowie Kommunikations- und Medienwissenschaften werden die eben vorgestellten Begriffe verwendet, um die Vielfalt der digitalen Phänomene aufzugreifen und aus unterschiedlichen Perspektiven zu systematisieren (Tabelle 2).

Disziplinen strukturieren den Wissenschaftsbereich in Einzelwissenschaften bzw. Teil- oder Fachbereiche.

Tabelle 2
Disziplinäre Zugriffe auf digitale Phänomene

Begriff	**Digitalisierung**	**Digitale Transformation**	**Digitalität**	**Tiefgreifende Mediatisierung**
Disziplin	Informatik	Soziologie	Kulturwissenschaft	Kommunikations- und Medienwissenschaft

Während beim Begriff „Digitalisierung" der informationstechnische Prozess der Entstehung digitaler Daten aus analogen Strukturen und deren Weiterverarbeitung in digitalen Infrastrukturen im Vordergrund steht, verhält es sich beim Begriff „digitale Transformation" anders. Zwar werden mit dem Begriff auch Phänomene erfasst, die mit Prozessen der Umwandlung analoger in digitale Daten einhergehen, doch es wird mit dem Begriff auch die gesellschaftliche Dimension dieses Prozesses in den Blick genommen. Letztlich geht es um die Wechselwirkungen von technischer und gesellschaftlicher Entwicklung. Diese Sichtweise bietet sich besonders dann an, wenn Veränderungen in erwachsenenpädagogischen Organisationen (→ Kapitel 6 und → 7) erforscht werden sollen.

Eine dritte Perspektive, die als Kultur der „Digitalität" gefasst worden ist, legt ebenfalls den Fokus auf die gesellschaftlichen Auswirkungen der digitalen Phänomene. Im Unterschied zum Begriff „digitale Transformation" geht es hier aber um die gesellschaftliche Konstellation einer abgeschlossenen Transformation. Damit lassen sich folgende Aspekte analysieren:

Ein Algorithmus ist die Beschreibung einer schrittweisen Vorgehensweise zur Lösung eines Problems.

- *Algorithmizität*
  Die lebensweltliche Bedeutung von Algorithmen, z. B. für Vorschläge in Suchmaschinen oder Playlists im Streaming-Bereich, für die Berechnung von Kreditwürdigkeit oder für die Einschätzung zum Kriminalisierungspotenzial von Personengruppen.
- *Gemeinschaftlichkeit*
  Eine spezifische Form des Sozialen, in der eine Gruppe von im Idealfall gleichberechtigten Menschen gemeinschaftliche Ziele verfolgt. Die Zusammengehörigkeit beruht auf dem Austausch der Beteiligten zu einer gemeinsam geteilten Problemlage, z. B. das Aktionsbündnis „Fridays for Future".
- *Referenzialität*
  Das Herstellen von Bezügen zwischen unterschiedlichen Elementen, wie Bildern, Clips, Memes, Posts oder anderen digitalen Artefakten, um den Einzelnen in digitalen Kommunikationskanälen wie Social Media sichtbar zu machen. Zudem werden alle Handlungen und Ergebnisse, mit denen Sympathie und Antipathie bekundet werden, wie Liken von Posts oder Blocken von Accounts, eingeschlossen und als Möglichkeit angesehen, Aufmerksamkeit zu erzeugen.

Der Begriff *digital* leitet sich aus dem lateinischen *digitus* = Finger oder Zehe ab, welche zum Zählen verwendet werden können.

In der Bezugnahme auf den Begriff „Digitalität" ist es möglich, all diejenigen Phänomene in der Erwachsenen- und Weiterbildung zu fokussieren, die mit dem Einfluss digitaler (Infra-)Strukturen auf gesellschaftlich-kulturelle Zustände in Zusammenhang gebracht werden können. Dies betrifft bspw. Bedingungen des gesellschaftlichen Zusammenhalts in einer digitalisierten Umwelt (veränderte Diskussionskultur im digitalen Raum) oder Möglichkeiten und Grenzen von Selbst- und Fremdbestimmung angesichts von algorithmisch durchdrungenen Lebenswelten (Orientierung des eigenen Lebensstils an Online-Trends).

Mit dem Begriff „tiefgreifende Mediatisierung" wird – vornehmlich in der Kommunikationswissenschaft – der vermittelnde Einfluss des in der Kommunikation verwendeten Mediums herausgearbeitet. Dies wird insbesondere deutlich, wenn man sich Medien als Zeichen vorstellt, bei denen in der Übertragung vom Sender zum Empfänger letztlich erst durch die Interpretation durch den Empfänger Bedeutung hergestellt wird.

Für die Erwachsenen- und Weiterbildung leiten sich aus einer durch digitale Medien vermittelten Kommunikation immer neue Fragen ab; darunter stehen die folgenden ganz oben auf der Agenda:

- Welche Bedeutung nehmen bestimmte Medien im erwachsenenpädagogischen Medienwandel ein?
- Welchen Einfluss haben Medien in digital vermittelter Lehr-Lern-Interaktion?

- Welche Bedeutung haben Medien in der Kommunikation in erwachsenenpädagogischen Einrichtungen? Wie verändern sich sowohl das Management von Weiterbildungseinrichtungen als auch die Angebotsstrukturen in einer mediatisierten Welt?

Beispiel

In der Studie „DigiEB" wurden Gelingensbedingungen des Einsatzes digitaler Medien in einem umfassenden Mehrebenenverständnis bearbeitet. Analysiert wurde die veränderte Kommunikation von Teilnehmenden, Lehrenden, (Dach-)Organisationen und weiteren Institutionen. Dabei wurde herausgearbeitet, dass sich die Rolle der Dozierenden durch den Einsatz in der Lehr-Lernsituation verändert (Breitschwerdt et. al., 2022).

Diese und ähnliche Anforderungen stellen Herausforderungen für die makrodidaktische Planung und für die Zusammenarbeit des Personals in Bildungseinrichtungen dar (mehr dazu → Kapitel 9).

Wegweiser Forschung

In der Erwachsenenbildungsforschung gibt es einige Forschungsarbeiten, die aus der Perspektive der Mediatisierung forschen. Exemplarisch kann hier die Arbeit von Dehmel (2021) genannt werden, in der zeitliche Entgrenzungsprozesse von Arbeit und Privatheit im Kontext von tiefgreifender Mediatisierung erforscht werden. Hier arbeitet der Autor ein genuines Spannungsfeld von Arbeit und Privatheit im Kontext von professionellem pädagogischem Handeln heraus.

Link

In diesem Video wird ein Forschungsprojekt zur Digitalisierung in der Erwachsenenbildung und beruflichen Bildung beschrieben, das an der Universität Würzburg durchgeführt wurde. Hier werden auch für dieses Buch nützliche Grundbegriffe erklärt.

→ https://video.uni-wuerzburg.de/iframe/?securecode=7d2e00b147f530db7cf2ac4f

1.3 Digitale Phänomene in der Erwachsenen- und Weiterbildung

Nachdem sich Frau K. mit den verschiedenen Definitionen beschäftigt hat, kommt sie zu einem ersten Zwischenfazit: Die digitalen Phänomene haben in der Erwachsenen- und Weiterbildung Auswirkungen auf verschiedene Ebenen. Wenn hier von „Ebenen" gesprochen wird, so soll damit auf das Mehrebenensystem von Schrader (2010) verwiesen werden. In diesem Modell (Abbildung 1) wird das Feld der Erwachsenen- und Weiterbildung in verschiedene Ebenen unterteilt. Dabei werden auch Beziehungen zwischen den Ebenen und den hier verorteten Akteuren sichtbar gemacht.

Das Mehrebenenmodell dient dem Verständnis von Akteuren, Handlungsebenen und Interventionsformen in Modernisierungsprozessen.

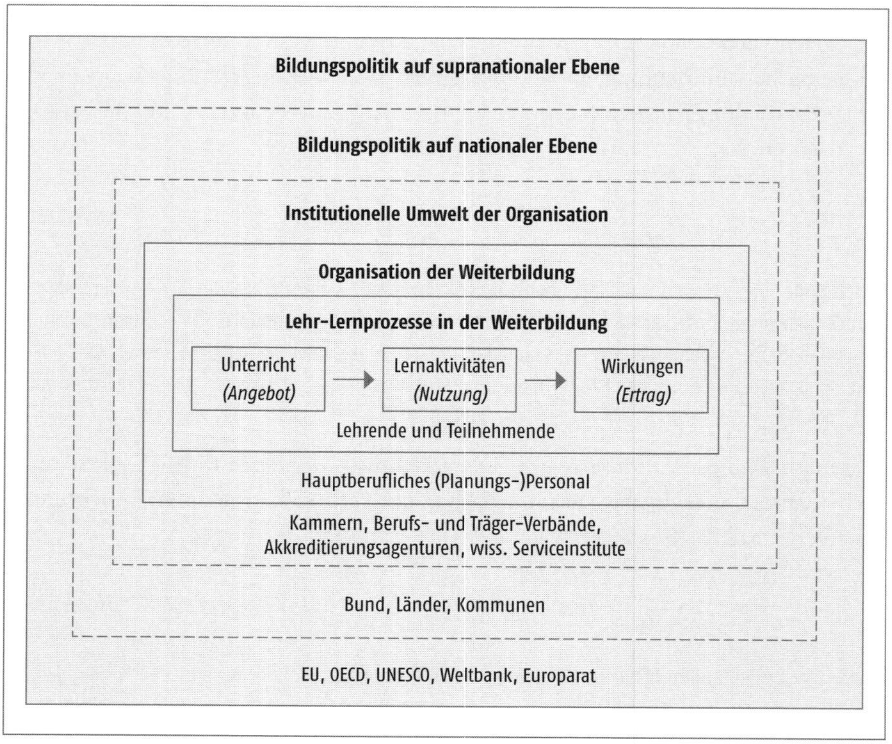

Abbildung 1: Mehrebenenmodell der Weiterbildung (Schrader, 2010, S. 103)

Das Mehrebenenmodell fokussiert organisierte Lernformen.

Obwohl es mehrere Varianten gibt, den Einfluss der Digitalisierung in der Erwachsenen- und Weiterbildung systematisch zu betrachten (→ Kapitel 10), ermöglicht die Orientierung am Mehrebenenmodell eine klare Differenzierung der Phänomene nach zentralen Akteuren und Handlungsebenen.

Auf der *Ebene der Lehr-Lern-Prozesse* stehen die Anforderungen von Lehrenden und Teilnehmenden, der Ratgebenden und Ratsuchenden sowie Möglichkeiten und Grenzen von digitalen Lehr-Lern-Technologien im Fokus. Frau K. beschäftigt sich hier vor allem mit Mediennutzungsgewohnheiten und -kompetenzen sowie mit Kennzeichen guter Lehre und Beratung in einer digitalisierten Welt.

Die Ebene der Organisation betrifft alle Prozesse der Organisation von Bildung und Lernen im Erwachsenenalter. Für Frau K. öffnet sich damit ein weites Feld, das von den bereits in der Erwachsenen- und Weiterbildung etablierten digitalen Technologien über die Angebotsplanung mit Bezug zur Digitalisierung innerhalb der eigenen Einrichtung bis hin zu Anforderungen medienpädagogischer Professionalisierung reicht.

Auf der *Ebene der institutionellen Umwelt* wird das Verhältnis von Vorgaben und Erwartungen aus der Umwelt einerseits und der Organisation andererseits in den Blick genommen. Frau K. identifiziert ein breites Spektrum an Herausforderungen, die durch die Weiterbildungspolitik formuliert werden, aber auch zahlreiche Möglichkeiten für die Organisationsentwicklung in ihrer Einrichtung.

Um die digitale Transformation ihrer Einrichtung auf Basis gesicherter Erkenntnisse zu gestalten, beschäftigt sich Frau K. während ihrer Tätigkeit mit praxisrelevanter Forschung und setzt sich mit Zukunftsfeldern, wie Künstlicher Intelligenz, auseinander, die zwar bereits diskutiert, aber in ihrer Einrichtung noch nicht etabliert wurden. Mittels dieser Auseinandersetzung sichert sich Frau K. eine fundierte Wissensbasis, um neue Bildungsangebote anzustoßen, Lernangebote für ihre Kolleginnen und Kollegen anzuregen und Impulse zur Organisationsentwicklung abzuleiten.

1.4 Zusammenfassung

Zur Analyse von Phänomenen in der menschlichen Lebenswelt, die an die Verfügbarkeit von digitalen (Infra-)Strukturen gebunden sind, existieren unterschiedliche Begriffe. Diese Begriffe betonen unterschiedliche Aspekte der Digitalisierung, u. a. den Wandel von analogen hin zu digitalen Strukturen oder die Bedeutung von digitalen Medien für gesellschaftliche Kommunikation. Hinter diesen Begriffen stehen verschiedene wissenschaftliche Diskurse, die naturgemäß unterschiedliche Schwerpunkte setzen. Unterscheiden kann man dabei sowohl, ob es sich um eine Sicht handelt, die gesellschaftlichen Wandel betont, als auch welche Vorstellung einer gesellschaftlichen und lebensweltlichen Durchdringung durch digitale (Infra-)Strukturen vorherrscht.

Aus erwachsenenpädagogischer Perspektive bestehen diverse Anschlüsse an diese Begriffe, wobei vor allem die Wechselwirkungen zwischen Technik, gesellschaftlichen Strukturen und dem pädagogischen wie dem leitenden Handeln in den Einrichtungen der Erwachsenenbildung eine Rolle spielen. Für Frau K. ergibt sich dadurch die Möglichkeit, die verschiedenen digitalen Phänomene, denen sie bei ihrem Arbeitgeber begegnet, theoretisch einzuordnen und auf dieser Basis nach Studien zu suchen, die ihr und ihren Kolleginnen und Kollegen helfen können. So findet sie bspw. eine Studie zu Anforderungen und zur Wirksamkeit von digitalen Möglichkeiten des Bildungsmarketings, die sie selbst nutzen kann.

Fragen & Aufgaben

1. Notieren Sie sich einen Tag lang, welche digitalen Phänomene Ihnen in Ihrer Lebenswelt begegnen und beschreiben Sie, welche digitalen Medien Sie dabei genutzt haben.
2. Ordnen Sie diese Phänomene den Grundbegriffen „Digitalisierung", „digitale Transformation", „Digitalität" und „Mediatisierung" zu.
3. Welche Herausforderungen ergeben sich für Frau K., wenn sie die hier genannten vier theoretischen Perspektiven auf ihre Organisation anwendet?

Tipps zum Weiterlesen

Hepp, A. (2018). Von der Mediatisierung zur tiefgreifenden Mediatisierung. In J. Reichertz & R. Bettmann, (Hrsg.), *Kommunikation – Medien – Konstruktion. Braucht die Mediatisierungsforschung den Kommunikativen Konstruktivismus?* (S. 27–45). Wiesbaden: Springer.

In dem Artikel wird eine kommunikationswissenschaftliche Perspektive auf die Auswirkungen digitaler Medien auf menschliche Kommunikation dargelegt.

Stalder, F. (2017). *Kultur der Digitalität* (3. Aufl.). Berlin: Suhrkamp.

Das Werk führt grundlegend in eine kulturwissenschaftliche Perspektive auf die gesellschaftlichen Auswirkungen digitaler Phänomene ein.

Schrape, J.-F. (2021). *Digitale Transformation.* Bielefeld: Transcript.

Das Werk führt grundlegend in eine techniksoziologische Perspektive auf das Veränderungspotenzial neuer Technik und dessen sozialer Aneignung ein.

Pürer, H., Springer, N. & Eichhorn, W. (2015). Grundbegriffe der Kommunikationswissenschaft. Stuttgart: UVK.

In diesem Lehrbuch wird der Kommunikationsbegriff verständlich und anwendungsorientiert beschrieben.

2

Bildung und Lernen Erwachsener in einer digitalisierten Welt

In diesem Kapitel werden die Bedeutung der digitalen Informations- und Lernressourcen sowie der Kompetenzen für das Lernen mit digitalen Medien diskutiert. Besondere Aufmerksamkeit wird dabei auf das informelle und selbstgesteuerte Lernen außerhalb organisierter Erwachsenen- und Weiterbildung sowie die damit verbundenen Chancen und Risiken gelegt.

Lernziele

- Unterschiede zwischen Lernen und der Nutzung digitaler Medien kennenlernen
- Das Konzept einer allgemeinen Medien- und Datenkompetenz kennenlernen
- Formen des Lernens mit digitalen Medien kennen und unterscheiden können
- Formen informellen und selbstgesteuerten Lernens mit digitalen Medien kennenlernen
- Chancen und Risiken der Digitalisierung für den Zugang zu Bildungsangeboten kennenlernen

Frau K. ist Mitte der 1990er Jahre geboren. Sie ist mit digitalen Medien aufgewachsen und gehört damit zur Gruppe der sogenannten Digital Natives. Ihr Vater, der selbst in der IT-Branche tätig ist, hat sie frühzeitig mit dem Computer und dem Internet vertraut gemacht. Die älteren Kolleginnen und Kollegen von Frau K. nehmen sie als sehr medienaffin wahr, dabei schränkt sie privat ihren Medienkonsum bewusst ein und nutzt weitgehend ausgewählte, datenschutzkonforme Anwendungen. Auch in den Lerngewohnheiten unterscheidet sie sich von ihren Kolleginnen und Kollegen, für die sich Erwachsenen- und Weiterbildung vor allem durch die direkte Begegnung zwischen Lehrenden und Teilnehmenden definiert. Frau K. nutzt gerne auch Chatbots als Lern-Coaches. Angesichts der unterschiedlichen Lerngewohnheiten und -vorlieben kommt es beim Weiterbildungsanbieter oft zur Diskussion, ob denn die Teilnehmenden tatsächlich lieber online lernen oder in Präsenz.

2.1 Mediennutzung und Mediensozialisation

Offliner sind Menschen, die kein Internet nutzen.

Unterschiedliche Nutzungsweisen digitaler Medien und somit auch unterschiedliche Voraussetzungen für Lernprozesse mit digitalen Medien lassen sich systematisch beschreiben. In Deutschland wird die Mediennutzung einmal jährlich für die Bevölkerung ab 14 Jahren untersucht. Dies erfolgt u. a. durch die ARD/ZDF-Online-Studie (ARD/ZDF-Forschungskommission, 2021) sowie den DIGITAL INDEX (Initiative D21, 2021a; 2022). In beiden repräsentativ angelegten Studien zeigt sich, dass die Nutzung des Internets seit Jahren in allen Bevölkerungsgruppen steigt. Gleichzeitig bleibt ein Teil der Bevölkerung offline (2021: ARD/ZDF: 6%; D21: 12%). Insbesondere das Alter, das formale Bildungsniveau, der Erwerbsstatus und der Wohnort haben dabei Einfluss auf die Internetnutzung. So nimmt in Deutschland die Nutzung des Internets mit dem Alter von ca. 65 Jahren deutlich ab (Initiative D21, 2021a). Im europäischen Vergleich bewegt sich Deutschland leicht über dem EU-Durchschnitt der regelmäßigen Internetnutzerinnen und -nutzer (EU-weit: 89%). Spitzenreiter sind u. a. Norwegen und Irland (99%) (Eurostat, 2022).

Digitale Teilhabe ist die Möglichkeit, über digitale Medien am gesellschaftlichen Leben teilzuhaben.

Diese Zahlen müssen in Relation zu den faktischen Möglichkeiten der Teilhabe sowie den individuellen Bedürfnissen gesehen werden. Das heißt, einerseits sollte die Nutzung des Internets jedem Menschen möglich sein, wenn nur so grundlegende Rechte wahrzunehmen und/oder gleiche Chancen (z. B. Lernmöglichkeiten) gegeben sind. Andererseits sollte jeder Mensch auch die Freiheit haben, das Internet nicht oder nur eingeschränkt zu nutzen. So sind in der „Europäischen Erklärung zu den digitalen Rechten und Grundsätzen für die digitale Dekade" sowohl das Recht auf Netzzugang als auch die Wahrung der Rechte „online als auch offline" verankert (Europäische Kommission, 2023, S. 3).

Die in Deutschland am weitesten verbreiteten Arten der Internetnutzung sind die Internetrecherche mittels Suchmaschinen, die Nutzung von Messenger-Diensten und das Einkaufen in Online-Portalen. Dabei verschwinden die Unterschiede zwischen den

Falschinformationen, auch „Fake News", können eine absichtliche Desinformation oder eine unabsichtliche Fehlinformation (Nachrichten in Form von Texten, Fotos oder Videos) sein.

Altersgruppen, allerdings nur, wenn man das formale Bildungsniveau in die Betrachtung miteinbezieht. Das heißt, auch im höheren Alter nutzen Menschen mit Hochschulabschluss das Internet in vergleichbarer Weise wie jüngere (Initiative D21, 2022).

Die Fähigkeit, sich digitale Kompetenzen online selbst anzueignen, ist insgesamt bei weniger als der Hälfte der Gesamtbevölkerung vorhanden (Initiative D21, 2021b). Ebenso tun sich Teile der deutschen Bevölkerung schwer, Nachrichten von Werbung (56%) oder von Falschinformationen (43%) zu unterscheiden (ebd.; Stiftung Neue Verantwortung, 2021).

Wegweiser Forschung

Die digitalen Praktiken von Menschen mit geringen Lese- und Rechtschreibkompetenzen thematisiert eine Zusatzerhebung der LEO-Studie (Buddeberg & Grotlüschen, 2020). Die Ergebnisse zeigen auch in der Gruppe der gering Literalisierten eine vielfältige Nutzung von mobilen Endgeräten und audiovisuellen Medien zu Kommunikationszwecken. Die Studie widerspricht damit dem verbreiteten Vorurteil, dass sogenannte bildungsferne Zielgruppen automatisch „digitalisierungsfern" seien. Darüber hinaus fordern die Autorin und der Autor, digitale Praktiken stärker für die Alphabetisierung zu nutzen.

Mediensozialisation beschreibt die Rolle von Medien in der sozialen Entwicklung von Individuen.

Menschen sind von früher Kindheit an – vermittelt über Familie, Gleichaltrige in Schule und Freizeit sowie im beruflichen Kontext – in unterschiedlicher Weise mit Medien konfrontiert und eignen sich so spezifische Formen der Mediennutzung an. Da über Medien (mehr dazu → Kapitel 1) auch gesellschaftliche Werte und Normen vermittelt werden, haben die unterschiedlichen, milieuspezifischen Nutzungsformen, d. h. welche Medien in welchem Umfang und wie genutzt werden, auch Einfluss auf die Sozialisation. Im wissenschaftlichen Diskurs wird dies als „Mediensozialisation" bezeichnet.

Die Mediensozialisation umfasst vier Teilprozesse:

- die „Prozesse der Medienrezeption,
- die Aneignung von Medien im lebensweltlichen Kontext,
- der Gebrauch von Medien als Ausdrucks- und Kommunikationsmittel sowie
- die Verständigung über solche Themen und Inhalte, die in der jeweiligen Kultur primär über Medien vermittelt sind" (Vollbrecht & Wegener, 2010, S. 9).

In Abgrenzung zum Begriff „Mediensozialisation", der das Wechselverhältnis von Individuum, (technischen) Medien und Gesellschaft fokussiert, betont der Begriff „Medienbildung" die Subjektivität der Aneignungsprozesse von Medien und medial vermittelten Inhalten sowie deren Ergebnis.

Jörissen (2011b) unterscheidet verschiedene Zugänge der Politik, der Wissenschaft und der Praxis zum Konzept Medienbildung. Er sieht Medienbildung als

- Bezeichnung für ein *bildungspolitisches Programm* einschließlich entsprechender Anforderungen an das Bildungssystem (Jörissen, 2011b); im Feld der Erwachsenen- und Weiterbildung wird der Begriff „Medienbildung“ z. B. in der „Nationalen Weiterbildungsstrategie“ (BMAS & BMBF, 2019) und im „Manifest zur digitalen Transformation von Volkshochschulen“ (DVV, 2019) verwendet.

- *Ergebnis oder Ziel individueller Lernprozesse*; in der Erwachsenen- und Weiterbildung steht allerdings eher die „Medienkompetenz“ im Mittelpunkt, so z. B. in der PIAAC-Studie (vgl. Rammstedt et al., 2015).
- *Prozess eines ständigen „Sich-Orientierens“* in einer zunehmend komplexer werdenden mediatisierten Welt: „Medienbildung ist also der Name dafür, dass die Welt- und Selbstverhältnisse von Menschen mit medial geprägten (oder konstituierten) kulturellen Welten entstehen, dass sie sich mit ihnen verändern – und vor allem auch dafür, dass Bildungsprozesse Neues hervorbringen können: neue Artikulationsformen, neue kulturelle/individuelle Sichtweisen und nicht zuletzt neue mediale Strukturen“ (Jörissen, 2011a).

(Medien-)Bildung und (Medien-)Kompetenz werden auch als konträre Begriffe diskutiert.

2.2 Medienkompetenzen

Mit „Kompetenz“ werden zunächst individuelle Dispositionen aus Wissen, Fähigkeiten, Fertigkeiten und Werten beschrieben. Diese bilden die Grundlage individueller Handlungsfähigkeit (Gnahs, 2013). Eine wegbereitende Definition von „Medienkompetenz“, die sowohl in Praxis und Politik als auch im wissenschaftlichen Diskurs breite Verwendung findet, stammt von Baacke und andere (1999). Er beschreibt „Medienkompetenz“ in vier Dimensionen:

Der Erziehungswissenschaftler Dieter Baacke (1934–1999) hat den Diskurs zur Medienkompetenz geprägt.

1. *Medienkritik*
   als eine Kompetenz zur a) Analyse von gesellschaftlichen Entwicklungen, b) deren Bezug auf sich selbst und das eigene Handeln sowie c) ethischen Reflexion in Bezug auf deren soziale Konsequenzen
2. *Medienkunde*
   als das Wissen a) um Medien und Mediensysteme sowie b) das Wissen, die Geräte bedienen zu können
3. *Mediennutzung*
   als Modus der Anwendung: a) rezeptiv, anwendend und b) interaktiv, anbietend
4. Mediengestaltung
   als Fähigkeit zur a) innovativ-technischen Gestaltung von Mediensystemen und b) zur kreativ-ästhetischen Gestaltung von Inhalten (Baacke et al., 1999).

Für die gegenwärtige Debatte ist die in dieser Definition angelegte Verbindung zwischen individuellen Kompetenzen und der Gestaltung des demokratischen Zusammenlebens angesichts der Manipulationsmöglichkeiten, die mit Massenmedien und KI einhergehen, von großer Bedeutung (Peissl & Sedlaczek, 2022). So kommt der

Literacy (engl.) wird auch als Literalität bezeichnet und beschreibt in einem engeren Sinne die Lese- und Schreibfähigkeit.

Verbindung der beiden Aspekte auch im Konzept „media literacy" der UNESCO eine zentrale Bedeutung zu (z. B. UNESCO, 2021).

Neben dem Begriff „Medienkompetenz", welcher vor dem Hintergrund von Massenmedien entstanden ist, wird neuerdings auch von „digitalen Kompetenzen" gesprochen, wie sie im „Europäische Referenzrahmen für digitale Kompetenzen der Bürgerinnen und Bürger – DigComp" beschrieben werden JRC, 2022) (Abbildung 2).

DigComp = Digital Competence Framework for Citizens

Informations- und Datenkompetenz	**Kommunikation und Zusammen-arbeit**	**Gestaltung digitaler Inhalte**	**Sicherheit**	**Problemlösung**
○ Daten, Informationen und digitale Inhalte recherchieren, suchen und filtern ○ Daten, Informationen und digitale Inhalte kritisch bewerten ○ Daten, Informationen und digitale Inhalte verwalten	○ über digitale Technologien interagieren ○ über digitale Technologien Informationen und Inhalte teilen ○ bürgerschaftliches Engagement durch digitale Technologien fördern ○ Zusammenarbeit über digitale Technologien ○ Netiquette ○ digitale Identität managen	○ digitale Inhalte entwickeln ○ Integration und Aufbereitung von digitalen Inhalten ○ Urheberrecht und Lizenzen ○ Programmierung	○ Schutz von Geräten ○ Schutz von persönlichen Daten und Datenschutz ○ Schutz der Gesundheit und des Wohlbefindens ○ Schutz der Umwelt	○ technische Probleme lösen ○ Bedürfnisse erkennen und technologische Antworten ○ kreative Nutzung digitaler Technologien ○ Erkennen von Lücken im Bereich digitaler Kompetenzen

Abbildung 2: Die fünf Dimensionen des DigComp (JRC, 2022) (eigene Übersetzung) (Grafiken: https://www.flaticon.com/)

Mit fünf Dimensionen, die zusätzlich in acht Kompetenzstufen unterteilt werden, hat der DigComp große Verbreitung in Praxis und Politik der Erwachsenen- und Weiterbildung gefunden, etwa in den Strategien der Kultusministerkonferenz „Bildung in einer digitalisierten Welt" (KMK, 2017) und als „programmatische Grundlage der Volkshochschulen" (DVV, 2019). Aufgrund seiner Fokussierung auf funktionale Kompetenzen wird der DigComp jedoch auch kritisch betrachtet, wenn es um die Anwendung von Technik (Macgilchrist, 2019) oder um seine generelle verwertungsorientierte Ausrichtung (Swertz, 2019) geht.

Vor dem Hintergrund einer solchen Kritik sind alternative Konzepte digitaler Kompetenz gefragt. Auf diesen Bedarf reagiert u. a. das emanzipatorische Konzept der „radical digital citizenship“. Dieses fokussiert einen individuellen und kollektiven (Bildungs-)Prozess und zielt auf Emanzipation, soziale Gerechtigkeit und gesellschaftliche Veränderung (Emejulu & McGregor, 2016, S. 20).

Die damit verbundene Idee einer sozial engagierten Medienbildung trifft auch in der Praxis der Erwachsenen- und Weiterbildung auf Resonanz, wie das folgende Beispiel zeigt.

Beispiel

Die Plattform „LOVE-Storm – Gemeinsam gegen Hass im Netz“ bietet Trainings zum gewaltfreien Kommunizieren im Internet an und baut eine Community auf, um Hate-Speech und Cybermobbing mit kollektiver Zivilcourage zu begegnen.

→ https://love-storm.de/

Die Begriffe „Informationskompetenz“ und „Datenkompetenz“ können als Facetten einer kritischen „Medienkompetenz“ verstanden werden. Da sich im digitalen Raum Falschinformationen (*fake news*) rasant verbreiten, digitale Inhalte manipuliert werden können (*deep fake*) und mittels neuer, intelligenter Analysemöglichkeiten große Datenmengen verarbeitet und ausgewertet werden können (*big data*), gewinnen beide Facetten eine zunehmende Bedeutung.

Deep Fake sind mit KI manipulierte digitale Inhalte.

Während sich Informationskompetenz auf die Fähigkeiten bezieht, „Informationsbedarf zu erkennen, Informationen zu ermitteln und zu beschaffen sowie Informationen zu bewerten und effektiv zu nutzen“ (Gapski & Tekster 2009, S. 9), wird „Datenkompetenz“ in zwei Hinsichten diskutiert: Zum einen beschreibt „Datenkompetenz“ (*data literacy*) „the ability to collect, manage, evaluate, and apply data in a critical manner“ (Ridsdale et al., 2015, S. 2).

Zudem wird unter dem Begriff „data literacy education“ ein hochschuldidaktischer Diskurs geführt, der Datenkompetenzen grundlegend in die akademische Ausbildung integrieren möchte (Bandtel et al., 2021).

Zum anderen blickt man mit dem Begriff „Datenkompetenz“ kritisch auf die Datenökonomie: Mittels Auswertung digitaler Daten werden Menschen bspw. in ihrem Konsum sowie in ihrem Mediennutzungs- bzw. Informationsverhalten sehr gezielt beeinflusst (→ Kapitel 2.3). Damit geht auf gesellschaftlicher Ebene ein potenzielles Demokratiedefizit und auf privater Ebene ein nicht legitimierter Eingriff in das Recht auf Achtung des Privat- und Familienlebens, wie es in Artikel 8 der Europäischen Menschenrechtskonvention formuliert ist, einher (Zuboff, 2019).

Datenökonomie bezeichnet wirtschaftliche Aktivitäten, welche auf die Verwendung von Daten basieren.

Die Gesamtschau der Konzeptionen von digitalen Kompetenzen zeigt, dass die Zielkategorien von Medienkompetenz zwar einen gemeinsamen Kontext kennen, aber inhaltlich zwischen den Polen Technikorientierung und Gesellschaftsorientierung changieren. Diese unterschiedlichen Konzeptionen können der Praxis der Erwachsenen- und Weiterbildung Orientierung in der Ausrichtung ihrer Angebote geben.

2.3 Bildung und Lernen mit digitalen Medien

Das Internet bietet Zugang zu einer schier unerschöpflichen Anzahl von Informationsquellen. Mit der zunehmenden Verbreitung von mobilen Endgeräten wird dieser Zugang immer einfacher und vor allem nahezu jederzeit und überall möglich. Damit werden auch die Möglichkeiten des Lernens immer weniger orts- und zeitgebunden.

Lernmöglichkeiten entgrenzen sich dabei räumlich und zeitlich: Zum einen als Erweiterung des physischen Lernraums auf Bereiche außerhalb erwachsenenpädagogischer Lernorte, wie z. B. Bildungseinrichtungen, und zum anderen als Erweiterung um einen virtuellen Lernraum (Rohs, 2010). Dabei verbinden sich auch traditionelle Orte organisierten Lehrens und Lernens stärker als zuvor mit anderen Lebensbereichen, wie etwa der Arbeit und der Freizeit.

ubiquitär von engl. *ubiquitous* für überall

Damit wird das Leben in allen seinen Bereichen zu einer potenziell ubiquitären Lernumgebung (→ Kapitel 3), die durch mobile Computer sowie drahtlose Netzwerke mit unserem alltäglichen Tun verwoben ist (Kinshuk & Graf, 2012). So verwischen die Grenzen zwischen Lernen, Arbeiten und Freizeit.

Die Fülle an Informationen im Internet ist dabei für den Einzelnen nicht zu überblicken und kann zu einer Informationsüberflutung und Überforderung führen. Das betrifft auch die Suche nach geeigneten Lern- und Bildungsangeboten. Suchmaschinen und Informationsseiten mit ihren Algorithmen unterstützen die Auswahl relevanter Informationen oder Weiterbildungsangebote, indem sie aufgrund bekannter Daten über die Nutzerinnen und Nutzer passende Informations- und Lerninhalte zusammenstellen.

Bekannte Datenspuren sind z.B. Cookies, welche Auskunft über besuchte Internetseiten geben.

Durch die Analyse der digitalen Spuren, die jeder Mensch im Internet hinterlässt, werden die dargebotenen Inhalte personalisiert, d. h. auf die individuellen Informations- und Lernbedarfe abgestimmt. Das führt auf der einen Seite zu immer besseren, da individualisierten Suchergebnissen, auf der anderen Seite aber auch dazu, dass nur bestimmte Informationen gefunden bzw. angezeigt werden (z. B. mit regionalem Bezug oder mit übereinstimmender Meinung). Dieses Phänomen, welches durch die Sammlung und Filterung von personengebundenen Daten mittels Algorithmen entsteht, wird auch als „Filter-“ und „Informationsblase“, als „Echokammern“ oder „persönliches Informationsuniversum“ bezeichnet (Pariser, 2011). Diese Filterblasen und die in ihnen stattfindende Meinungsbildung, z. B. über Social Media, werden vor alles deswegen problematisiert, da dadurch keine Konfrontation mit abweichenden Informationen oder Meinungen stattfindet.

Im positiven Sinne aber können Daten über das Lernverhalten einzelner Lernender für die Gestaltung individuell effizienter Lernprozesse im Rahmen adaptiver (sich anpassender) Lernumgebungen genutzt werden. Dies geschieht, indem den Lernenden erfolgreiche Lernwege ähnlicher Lernender vorgeschlagen werden.

Durch die Anwendung Künstlicher Intelligenz erleben solche Angebote aktuell eine Renaissance (Meier, 2019). Daten von Lernenden können aber auch genutzt werden, um Vorhersagen über den (wahrscheinlichen) Lernerfolg einzelner Personen zu treffen (*predictive learning analytics*; hierzu Herodotou et al., 2019). Dabei können bspw. besondere Unterstützungsbedarfe identifiziert werden. Gleichzeitig besteht das Risiko, dass Lernende mit geringen Erfolgswahrscheinlichkeiten negativ sanktioniert werden, indem sie höhere Kosten tragen müssen oder Personengruppen systematisch einer falschen Beurteilung unterliegen.

Vorhersagen über den Lernfolg gelten als ethisch bedenklich.

Mit der einfachen Verfügbarkeit der Informations- und Lernressourcen über das Internet ist das selbstgesteuerte Lernen stärker in den Blick geraten und wird nach einer Befragung von Leitungen und Lehrenden der Erwachsenen- und Weiterbildung (Schmid et al., 2018) sogar als ein wesentlicher Vorteil digitaler Lehr-Lern-Medien gesehen. Denn Lernende können selbst entscheiden, wie und wo, ob allein oder mit anderen, aber auch in welchem Tempo und mit welchen Lernwerkzeugen sie arbeiten. Lernende können sich dafür eine persönliche Lernumgebung, auch Personal Learning Environment (PLE), schaffen, in der sie unterschiedliche Lernressourcen und -anwendungen miteinander verbinden (EDUCAUSE, 2009). Im Gegensatz zu einem angebotsorientierten Learning Management System (LMS), ist das PLE lernerzentriert und steht für den Wandel *from push to pull*, d. h. der individuellen bedarfsorientierten Nutzung unterschiedlichster Lernressourcen statt der Bearbeitung vorgegebener Lerninhalte.

Die Vernetzung von Inhalten und Akteuren als Rahmenbedingung in einer digitalisierten Welt hat nach Ansicht von George Siemens bisher zu wenig Berücksichtigung bei der Betrachtung des Lernens gefunden. Mit dem Begriff „Konnektivismus" hat er daher eine Perspektive auf das Lernen entwickelt, welche den Austausch von Wissen in Netzwerken in den Mittelpunkt stellt und Lernen als die Fähigkeit der Bildung und Nutzung dieser Netzwerke versteht (Siemens, 2004).

George Siemens (*1970), kanadischer Lerntheoretiker und Pionier im Bereich der Massive Open Online Courses (MOOCs).

Mit dem einfachen Zugang zu Lernmöglichkeiten im digitalen Raum wird auch die Hoffnung auf mehr Bildungsgerechtigkeit verbunden. Forschungsergebnisse zeigen aber, dass bestehende Unterschiede der Teilnahme an (non-)formaler Weiterbildung sich auch bei der Nutzung informeller und kostenloser Lernangebote im Internet zeigen (Rohs & Ganz, 2015). Nach einer Untersuchung von D21 nutzen im Durchschnitt 6 Prozent der Befragten ein oder mehrmals pro Woche digitale Lernangebote; aber nur 1 Prozent der Befragten mit niedriger Bildung und 11 Prozent mit hoher Bildung tun dies (Initiative D21, 2021a).

Wegweiser Forschung

Digitale Ungleichheit

Der Begriff „digitale Ungleichheit" *(digital inequality)* geht auf die Wissenskluft-Hypothese zurück (Tichenor et al., 1970), nach der Wissensunterschiede nicht durch massenmediale Informationsvermittlung verringert werden, sondern sich durch unterschiedliche Kompetenzen im Umgang mit Medien sowie durch unterschiedliche Präferenzen, wie Informationsangebote genutzt werden, sogar ausweiten. Dabei ist vor allem der sozioökonomische Hintergrund (z. B. formaler Bildungsstatus, Einkommen) dafür verantwortlich, ob,

MOOCs sind kostenlose Online-Kurse für sehr große Teilnehmerzahlen.

in welchem Umfang und mit welchen Erträgen einzelne Medien und Informationsangebote genutzt werden. Hierauf bauen auch aktuelle Erklärungsansätze zur unterschiedlichen Nutzung frei verfügbarer digitaler Informations- und Lernangebote auf.

So zeigt sich, dass frei zugängliche und in weiten Teilen kostenlose Massive Open Online Courses (MOOCS) verstärkt von jenen genutzt werden, welche bereits über eine hohe Bildung verfügen. Dies zeigt bspw. eine Untersuchung von zwei MOOCs in Deutschland, in denen der Anteil der Akademikerinnen und Akademiker überproportional hoch war (Rohs & Ganz, 2015).

Digitale Inklusion im Bildungsbereich zielt auf die Barrierefreiheit digitaler Lehr-/ Lernangebote.

Im Rahmen der Zusatzbefragung des „Adult Education Survey" 2019 (BMBF, 2020) gaben fast zwei Drittel (64%) der Befragten an, dass sie sich eine Bildungsaktivität ohne den Einsatz digitaler Medien nicht mehr vorstellen können. Trotzdem sind die Erfolgsaussichten, dass frei zugängliche, kostenlose Angebote, wie im Rahmen der Initiativen zu Open Educational Resources (OER) gefördert werden, aus den oben genannten Gründen kritisch zu sehen, wenn sie nicht durch flankierende Maßnahmen für weniger privilegierte Gruppen unterstützt werden. Dazu gehören bspw. eine grundsätzlich inklusive Gestaltung der Lernumgebung, die parallele Förderung der Medienkompetenz sowie die individuelle technische und inhaltliche Unterstützung der Lernenden (Lambert, 2020).

2.4 Zusammenfassung

Das Internet hat die Lernmöglichkeiten für viele Menschen enorm erweitert. Gleichzeitig wurden damit strukturelle Unterschiede aber nicht nivelliert: Insbesondere jüngere Menschen, Menschen mit hohem Bildungsgrad und Menschen in Industrieländern profitieren von den neuen Lernmöglichkeiten. Die Ursache dafür wird u. a. einer unterschiedlichen Mediensozialisation zugeschrieben. Daher betonen Wissenschaft, Politik und Praxis die gesellschaftliche Bedeutung von Medienkompetenzen und -bildung als Befähigung zur gesellschaftlichen Partizipation und als Prozess einer individuellen Auseinandersetzung mit der Digitalisierung. Weiterbildungsanbieter greifen diese Notwendigkeiten in ihren Bildungsprogrammen und -angeboten auf.

Mit der Digitalisierung der Informations- und Lernressourcen, deren Bereitstellung und Vernetzung über das Internet und der Schaffung mobiler Zugangsmöglichkeiten zu diesen Ressourcen und anderen Wissensträgern haben sich die Rahmenbedingungen für das Lernen stark verändert. Neben den vielfältigen flexiblen, orts- und zeitunabhängigen Möglichkeiten des Lernens werden dabei die Individualisierung und Personalisierung des Lernens als ein wesentlicher Vorteil digitaler Lernmedien betrachtet. Zudem führt die umfassende Digitalisierung aller Lebensbereiche zu einer Entgrenzung des Lernens und einer stärkeren Verflechtung mit Arbeit und Freizeit. Frau K. schließt aus diesen Erkenntnissen, dass Bildungsangebote sowohl für die Zielgruppen der eigenen Einrichtung als auch für ihre Kolleginnen und Kollegen auf die strukturellen Unterschiede der Menschen hinsichtlich ihrer Mediensozialisation angepasst sein sollten. Zudem kann sie ihre Kolleginnen und Kollegen auf Basis der vielfältigen Lernmöglichkeiten, die mit digitalen Medien verbunden sind, verstärkt dazu ermutigen, im Lehr-Lern-Prozess individueller auf die Bedürfnisse der Teilnehmenden einzugehen.

Fragen & Aufgaben

1. Reflektieren Sie Ihre eigene Mediensozialisation anhand der folgenden Fragen:
   a. Mit welchen (traditionellen und digitalen) Medien sind Sie aufgewachsen, welche Medien haben Sie (nie) genutzt?
   b. Welche Personen oder Ressourcen haben Sie in Ihrem heutigen Medienverhalten beeinflusst? Welche technischen Möglichkeiten und Unterstützung hatten Sie zur Verfügung, die andere nicht zur Verfügung hatten?
2. Recherchieren Sie exemplarisch zwei Bildungsprogramme und betrachten die dortigen Angebote unter den folgenden Fragestellungen:
   a. Welche Ziele der Medienbildung/Medienkompetenzentwicklung werden formuliert/deutlich?
   b. Welche Facetten von Medienbildung/Medienkompetenz stehen im Vordergrund?
3. Entwickeln Sie Lösungen, wie einer möglichen Ungleichheit der Teilnahme an digitalen Lernangeboten entgegengewirkt werden kann.

Tipps zum Weiterlesen

Initiative D21. (2021a). *Der Digital-Index 2020/2021*. Berlin: Initiative D21. https://initiatived21.de/app/uploads/2021/02/d21-digital-index-2020_2021.pdf
Die jährliche Erhebung der Initiative D21 zeigt gesellschaftliche Veränderungen im Kontext der Digitalisierung auf, sowohl bezogen auf die Nutzung von Technologien als auch auf die Kompetenzen der Bevölkerung.

Tippelt, R. & Schmidt-Hertha, B. (2020). *Sozialisation und informelles Lernen*. Bielefeld: wbv Publikation.
Die Autoren geben einen umfassenden Einblick in die Diskurse der Sozialisationsforschung und des informellen Lernens von Erwachsenen.

UNESCO. (2021). *Media and Information Literate Citizens. Think Critically, Click Wisely! Media & Information Literacy Curriculum for Educators and Learners*. Paris: UNESCO.
Das Curriculum „media und information literacy" stellt Lernziele und Inhalte für kritische Medienkompetenzen zur Verfügung. Es zielt auf Demokratieentwicklung.

JRC – Joint Research Center. (2022). *DigComp 2.2: The Digital Competence Framework for Citizens*. Luxembourg: Publications Office of the European Union. http://doi.org/10.2760/115376
Im Rahmen dieser Veröffentlichung wird die aktuelle Version des europäischen Kompetenzrahmens für digitale Kompetenzen vorgestellt.

3

Digitale Technologien in der Erwachsenen- und Weiterbildung

In diesem Kapitel werden exemplarisch Begriffe der digitalen Technik erläutert, die das Handlungsfeld und den Diskurs in der Erwachsenen- und Weiterbildung beeinflusst haben. Sie werden zunächst in ihrer Herkunft und gesamtgesellschaftlichen Bedeutung vorgestellt und dann in ihrer Bedeutung für die Erwachsenen- und Weiterbildung erläutert.

Lernziele

- Den aktuellen Stand der technischen Entwicklungen kennen und kritisch einordnen können
- Allgemeine technische Entwicklungen von pädagogischen Entwicklungen unterscheiden und beides zueinander in Beziehung setzen können
- Bedeutung und Einfluss von Technik in der Erwachsenen- und Weiterbildung verstehen können
- Implikationen digitaler Technologien auf Erwachsenen- und Weiterbildung kritisch bewerten können

Die technischen Entwicklungen von Hard- und Software verlaufen sehr schnell. Frau K. ist damit konfrontiert, dass ihre Kolleginnen und Kollegen immer wieder neue Apps und Softwarelösungen vorschlagen oder dass Lehrende teils ihr bekannte, teils unbekannte Tools einsetzen. Und sie trifft auf zahlreiche Bedenken, insbesondere in Sachen Kompatibilität oder Datenschutz. Zwar hat sie hier einen guten Überblick; in ihrer Einrichtung scheint es aber noch keine pädagogisch begründeten Standards zu geben, was an Technik genutzt werden darf und soll.

3.1 Technik und Bildungstechnologie

Mit „Technik" ist ein weiterer zentraler Begriff angesprochen, den es zu erläutern gilt. Digitalisierung ist ohne Technik nicht denkbar. Wenn von „Technik" die Rede ist, ist damit alltagssprachlich zumeist ein technisches Gerät gemeint – ein Ding, ein Apparat, eine Einrichtung, etwas Mechanisches oder Automatisches, das zu einem spezifischen Zweck produziert wurde. Das kann bspw. ein Gerät mit einer hochkomplexen Funktionalität wie ein Smartphone sein. Darüber hinaus kann Technik aber auch ein bestimmtes Verfahren oder eine Methode sein, z. B. eine Arbeits-, Gesprächs-, Unterrichts- oder Beratungstechnik.

Technik von griech. *téchnē* (τέχνη) für Kunst, Kunstfertigkeit, Geschick, Handwerk, Gewerbe

Definition

Technik

Unter Technik kann im engeren Sinn ein planvolles Verfahren und/oder materielles Gebilde verstanden werden, um klar umgrenzbare Sachverhalte einer sachadäquat-systematischen Problemlösung zuzuführen. Neue Technik wird unter Berücksichtigung von Naturgesetzen und vielfältigem technikwissenschaftlichem Wissen methodisch erzeugt, um Prozesse wirksamer, verlässlicher, effektiver, präziser oder überhaupt realisierbar zu machen (Häußling, 2010, S. 624).

Synonym zum Begriff „Technik" wird häufig der Begriff „Technologie" verwendet. Dieser Begriff betont aus übergeordneter Perspektive eher die naturwissenschaftlichen und technischen Grundlagen für Produkte und Produktionsverfahren.

In der wissenschaftlichen Auseinandersetzung mit digitalen Medien, die im Zusammenhang mit Lehr-Lern-Prozessen verwendet werden, hat sich der Begriff „Bildungstechnologie" etabliert.

Technologie von griech. *technología* (τεχνολογία) für kunstgemäße Behandlung oder wissenschaftlich aufgestellte Regel

Definition

Bildungstechnologie

Bildungstechnologie ist die „Disziplin, die unterschiedliche Arrangements von Lernbedingungen, die Unterstützung des Erwerbs von Wissen und Können, die Beeinflussung von Motiven und Emotionen sowie die Funktionalität von Artefakten (insbesondere Medien) zum Zweck der Förderung von Bildungsprozessen erforscht und lehrt" (Niegemann und Weinberger, 2020, S. 4).

Bildungstechnologien beschäftigen sich daher mit der Gestaltung und dem Einsatz digitaler Technologien in der Organisation und Durchführung von Lern- und Bildungsprozessen. Bei konkreten technischen Systemen sowie Soft- und Hardware wird jedoch sowohl von „Technik" als auch synonym von „Bildungstechnologie" gesprochen.

Neben „Bildungstechnologie" wird auch der Begriff „EdTech" (Kompositum aus „Educational" und „Technology") verwendet. Der Begriff findet sich darüber hinaus auch im Kontext eines an Bedeutung gewinnenden Wirtschaftszweigs der App- und Plattform-Entwicklung sowie dessen Vertriebs im Bildungsbereich wieder. Der Begriff findet sich darüber hinaus auch im Kontext eines an Bedeutung gewinnenden Wirtschaftszweigs der App- und Plattform-Entwicklung (EdTech-Branche → Kapitel 5) sowie dessen Vertriebs im Bildungsbereich wieder (Haunsch et al., 2021, S. 22).

Im internationalen Vergleich ist die EdTech-Branche in Deutschland eher gering entwickelt (Stifterverband 2021).

Bei der Entwicklung von Soft- und Hardware ist die Zusammenarbeit mit anderen wissenschaftlichen Disziplinen unerlässlich, so etwa mit der Informatik, der Elektrotechnik, dem Maschinenbau oder der Automatisierungstechnik (Rensing, 2020, S. 586). Bei der Ausgestaltung von Soft- und Hardware spielen zudem auch die Erkenntnisse der Pädagogischen Psychologie und Erziehungswissenschaft, u. a. der Didaktik (→ Kapitel 8), eine Rolle.

In Abbildung 3 werden verschiedene Technologien in Lehr-Lern-Kontexten gezeigt. Dabei kann man unterscheiden, ob diese Angebote in erster Linie für Lehrende oder Lernende entwickelt wurden. Für Lehrende sind dies bspw. sogenannte Autorenwerkzeuge zur Erstellung von Lernmedien und Repositorien. Darüber hinaus werden einige Technologien für die Administration und Verwaltung von Lernangeboten sowie für die Analyse von Lernprozessen entwickelt. Speziell für Lernende werden kollaborative Werkzeuge, Technologien für ubiquitäres und mobiles Lernen sowie diverse Learning Management Systeme, Lernspiele und Simulationen entwickelt (Rensing, 2020, S. 5).

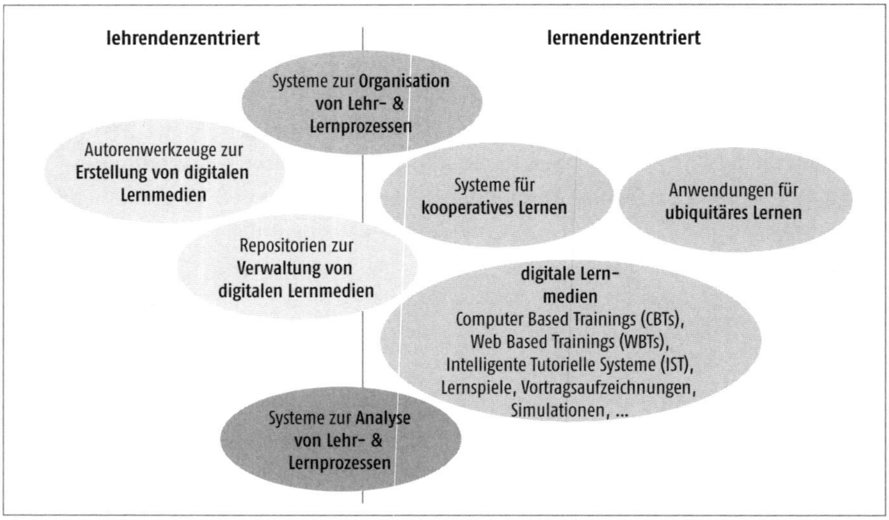

Abbildung 3: Technologien im Lehr-Lern-Kontext (Rensing, 2020, S. 5)

Diese Systematisierung eignet sich dafür, digitale Technologien im Hinblick auf Zielgruppen und zentrale Funktionen im Lernprozess zu unterscheiden. Daneben können aber auch pädagogisch-didaktische Handlungsformen als Unterscheidungsmerkmal herangezogen werden. Technologien, die in konkreten Lehr-Lern-Situationen zum Einsatz kommen, können bspw. zur Präsentation von Inhalten, zur Kommunikation, Kollaboration und Interaktion genutzt werden (→ Kapitel 8). Je nach Technik eignet sie sich auch nur für bestimmte Handlungsformen. So lässt sich eine interaktive Lernform nur schwer mittels einer Lernplattform herstellen, die nur zur Bereitstellung und Distribution von Inhalten angelegt ist.

Das Verhältnis von Technik und Gesellschaft ist dabei Gegenstand der Techniksoziologie. Dabei geht es um den Verwendungskontext von neuen Technologien und ihre diversen sozialen Folgen.

Neben der Techniksoziologie bechäftigt sich die Sozioinformatik speziell mit den Wechselwirkungen von Gesellschaft und Informatik.

Wegweiser Theorie

In welchem Zusammenhang Technik und Medien stehen, ist nicht ganz leicht zu klären. Wenn sie eher auf die *Technik* schauen, dann untersuchen Forschende Aspekte der Automatisierung und bestimmte Praktiken der *Apparate*. Wenn sie aus Sicht der *Mediatisierung* schauen, kommt eher der Aspekt der *Kommunikation* in den Fokus.

Für eine intensivere Auseinandersetzung und die Verschränkung der beiden Perspektiven siehe Rammert (2007).

Technikdeterminismus versus Sozialdeterminismus

Eine der großen Fragen, die sich für die Techniksoziologie ergibt, ist die des Einflusses von Technik auf Gesellschaft. Dabei wird auf der einen Seite davon ausgegangen, dass Technik eine bestimmte „Selbstläufigkeit" hat, der der Mensch ausgesetzt ist und die prägend auf dessen Handeln wirkt. Dies wird unter dem Begriff „Technikdeterminismus" gefasst. Dagegen geht der „Sozialdeterminismus" von einer individuellen Aneignung von Technik durch den Menschen aus und versteht Technik als nicht unaufhaltsam eigenständig, sondern als sozial konstruiert. Die Frage danach, wie Technik auf die Gesellschaft wirkt, ist also ein Prozess sozialer Aushandlung. Aktuelle Ansätze der Forschung gehen jedoch eher von einer wechselseitigen Beeinflussung von Technik und Gesellschaft aus (Häußling, 2010, S. 625).

Neben positiven Erwartungen an Technik – im Zusammenhang mit Effizienz und Präzision – gibt es kritische Diskussionen um die Möglichkeiten des Einsatzes in Bildungskontexten. Neil Selwyn untersucht bspw., was verloren geht, wenn digitale Techniken zum integralen Bestandteil von Bildungsangeboten werden. Ihm geht es dabei besonders um Werte, (auch politische) Interessen und Ziele im Zusammenhang mit unternehmerischem Denken, Individualisierung und Neoliberalismus (Selwyn, 2016).

In Anbetracht der Möglichkeiten, die sich aus den bildungstechnologischen und technischen Entwicklungen ableiten und aufseiten der Nutzenden mit Erwartungen verknüpft sind, ist es für Pädagoginnen und Pädagogen eine zentrale Aufgabe, diese Potenziale für Ihre Zwecke und Ziele einzusetzen. Durch die Kultusministerkonferenz wurde gefordert, dass sich der Einsatz stets an dem „Primat des Pädagogischen“ (KMK, 2017, S. 48) zu orientieren habe. Das bedeutet, dass Technologien unter der Maßgabe eingesetzt werden, die Teilhabe an Lern- und Bildungsprozessen unter berufsethischen und professionellen Standards zu unterstützen. So regeln Technologien den Zugang zu und die Ausgestaltung von Bildungsangeboten für Erwachsene. Vor diesem Hintergrund sind Technologien immer auch in Bezug auf die Ermöglichung von gesellschaftlicher Teilhabe zu betrachten.

Primat des Pädagogischen

Für die Erwachsenen- und Weiterbildung kommen damit folgende Aspekte in den Blick:

In Deutschland bildet die Datenschutz-Grundverordnung (DSGVO) die gesetzliche Grundlage für den Datenschutz.

- der angenommene didaktische Nutzen einer digitalen Technologie für bisherige oder avisierte Zielgruppen,
- die gesellschaftlichen Investitionen für ihre Einführung,
- die Akzeptanz und der Nutzen für das Management und die Verwaltung,
- die Zumutbarkeit der Technologie für die Lernenden und Lehrenden sowie
- rechtliche Aspekte, insbesondere des Datenschutzes.

Rückfragen an die Forschung

In der Diskussion um die Digitalisierung von Erwachsenen- und Weiterbildung spielen didaktisch-planerische Fragen eine wichtige Rolle. Sehr viel weniger diskutiert werden Fragen, wie der Zugang verwaltet und welche Verwaltungsabläufe – wie etwa das Ausstellen einer Rechnung und die Abwicklung der Bezahlung – digital abgebildet werden. Dabei regeln auch diese administrativen Abläufe zentral den funktionierenden Zugang zu Bildungs- und Lernangeboten Erwachsener in einer digitalisierten Welt.

3.2 Digitale Technologien im erwachsenenpädagogischen Einsatz

Digitale Technologien werden in der Erwachsenen- und Weiterbildung auf vielfältige Weise im Lehr-Lern-Geschehen verwendet. Dies erfolgt natürlich in Abhängigkeit von der technischen Ausstattung der jeweiligen Anbieter (→ Kapitel 6). Sie erlauben und beschränken Möglichkeiten der Kommunikation, der Interaktion wie auch der Präsentation und Distribution von Inhalten. Laut einer Erhebung von Breitschwerdt, Thees und Egetenmeier aus dem Jahr 2020 (N = 111) werden im organisierten Lehr-Lern-Geschehen mit großem Abstand am häufigsten Computer/Laptop (97%), einschließlich Beamer genutzt, gefolgt von Smartphones und Handys (66%). Dies sind diejenigen Technologien, die auch gesellschaftlich weit verbreitet sind. Die große Präsenz von Beamern zeigt, dass der Einsatz von digitaler Technik zu Präsentationszwecken in Präsenz überwiegt.

Mit Smartphones und Handys, interaktiven Whiteboards und Tablets folgt eine Gruppe von Technologien, die sowohl Interaktion als auch Präsentation und Distribution erlauben. Darüber hinaus zeigt die Studie einen verbreiteten Einsatz von Technologien, wie bspw. Learning-Management-Systemen, die auch asynchronen und kollaborativen Einsatz im Lehr-Lern-Geschehen sowie die Verwaltung von Lehr-Lern-Veranstaltungen erlauben.

Keine Erwähnung finden (noch) einige Technologien, die aktuell im Fokus des wissenschaftlichen, politischen Diskurses um Bildungstechnologie stehen. So werden dem Einsatz von Künstlicher Intelligenz wie auch der Blockchain-Technologie große Innovationspotenziale für die Weiterentwicklung der Bildungslandschaft zugesprochen. Deren Durchbruch wird schon lange prognostiziert, ist jedoch aktuell (Stand 2023) noch nicht in der Breite der Weiterbildung erfolgt (mehr hierzu in Kapitel 11).

Der prognostizierte Durchbruch Künstlicher Intelligenz bleibt in der Weiterbildung bisher aus.

Es ist sinnvoll, Technologien nicht nur nach ihrer quantitativen Verbreitung im Lehr-Lern-Geschehen zu systematisieren, sondern auch nach der Funktion, die sie erfüllen. Im Bereich der *lehrzentrierten Bildungstechnologien*, die für die Entwicklung, das Lehren und die Durchführung von Online-Lehre entwickelt wurden, nehmen sogenannte „Autorenwerkzeuge" zur Erstellung von digitalen Lernmedien eine zentrale Rolle ein.

Merksatz

Autorenwerkzeuge dienen dazu, „Lehrende bzw. Inhaltsexperten, die nicht über spezifische Programmierkenntnisse verfügen, in die Lage zu versetzen, Lernmedien zu erstellen" (Rensing, 2020, S. 591).

Autorenwerkzeuge stellen in diesem Sinne eine leere programmierte Hülle dar, die strukturiert mit Texten, Videos, Audios und anderen mediatisierten Inhalten und Aufgaben seitens der Lehrenden zu befüllen ist. Damit bilden sie die technische Basis für digitale Lehrangebote, die unterschiedliche, etwa auditive, textliche und visuelle Medien verbinden – also Computer- oder Web-Based-Trainings, aber auch die sogenannten Massive Open Online Courses (MOOC).

Beispiel

Innowas

Das Projekt Innowas entwickelte und validierte ein arbeitsintegriertes Weiterbildungskonzept auf Basis von Autorensystemen für Produktionsmitarbeiterinnen und -mitarbeiter, die bislang in der Weiterbildungsteilnahme unterrepräsentiert sind. Im Zentrum stand die Erstellung von videobasierten Tutorials durch Lernende. Das Arbeiten mit Autorensystemen bietet den Beschäftigten die Möglichkeit, über das Erstellen von videobasierten Lernenden-Tutorials zu Koautoren von Lernhilfen zu werden. Die Lernenden entwickeln dabei nicht nur selbst digitale Kompetenzen, sondern reflektieren und verbessern dabei ihre Arbeitsprozesse. Zudem stellen sie die Videos als Möglichkeit der Weiterbildung für andere bereit (Goppold & Frenz, 2020).

Während Autorenwerkzeuge dazu dienen, digitale Lernmedien zu erstellen und miteinander zu kombinieren, sorgen *Systeme zur Organisation von Lehr-Lern-Prozessen* (auch „Learning Management Systeme" oder „Lernplattformen") dafür, dass die erstellten Angebote mittels eines Servers online zur Verfügung gestellt werden. Entsprechend regeln diese Systeme den Zugang zu Lernmedien und einen Anmeldeprozess. Ein Beispiel für ein Learning Management System ist die vhs.cloud (→ Kapitel 4).

Während Lernplattformen die Funktion übernehmen, Lernen und Lehren zu ermöglichen, bieten *Repositorien* eine technische Infrastruktur, um bereits entwickelte digitale Lernmedien zur Nachnutzung bereitzustellen. Zentral dabei ist, dass hier weniger in Kursen und didaktischen Formaten gedacht wird, sondern die digitalen Lernmedien mit Meta-Daten versehen werden und ähnlich einer Online-Bibliothek durchsuchbar und abrufbar sind. Je nach Geschäftsmodell erfolgt die Bereitstellung gratis oder gegen Bezahlung.

Offene Lizenzierung und OER

Angesichts der technischen Möglichkeit, digitale Lehr-Lern-Medien über Repositorien bereitzustellen, haben politische Initiativen das Thema Open Educational Ressources (OER) aufgegriffen. Die OER-Bewegung verfolgt die Idee, digitale Informationsinfrastrukturen für den rechtlich einwandfreien Austausch digitaler Lehrmaterialien in Fach-Communities zu nutzen und auf diese Weise das Bildungssystem zu verbessern. Gerade bei kostenintensiv erstellten und mit öffentlichen Geldern geförderten digitalen Bildungsmedien ist deren Nachnutzung als OER eine zentrale Transferanforderung (→ Kapitel 10).

Beispiel

Projektdatenbank Alphabetisierung und Grundbildung (PAG)

Viele öffentlich geförderte Projekte der Alphabetisierung und Grundbildung entwickeln Lehr-Lern-Material, Konzepte und weitere nützliche Bildungsressourcen. Ziel von PAG ist es, diese an einer zentralen Stelle zu sammeln und kostenfrei nutzbar zu machen. Dabei werden die Materialien vorab sinnvoll klassifiziert und nach qualitativen Kriterien bewertet.

→ https://alpha-material.de

Die bisher benannten lehrzentrierten Bildungstechnologien widmen sich der Erstellung und Bereitstellung von medialen Weiterbildungssettings. *Systeme zur Analyse von Lehr-Lern-Prozessen* hingegen blicken auf Lehr-Lern-Prozesse mittels digitaler Lerngelegenheiten. Unter dem Begriff „Learning Analytics" werden Systeme beschrieben, die Künstliche Intelligenz nutzen, um teil- oder vollautomatisiert statistische und digital generierte Daten über Lernfortschritte und Lernwege individualisiert zu erheben und auszuwerten.

Bei Learning Analytics wird eine KI teilweise mit Lerndaten „gefüttert", teilweise sammelt sie selbst Daten. Sie prognostiziert mittels statistischer Wahrscheinlichkeiten Lernerfolge und macht so automatisierte Empfehlungen über nächste Lernschritte, zu besonders effektiven Medienformaten oder zu wiederholenden Lernschritten. So werten Learning Analytics Systeme etwa aus, ob ein Lernvideo A zu einem gewissen Thema im Lernverhalten von Personen andersartige Lerneffekte im zu absolvierenden Test hervorbringen als die thematisch ähnlichen Lernmedien Lernvideo B, Textmodul C oder Audiodatei D. Langfristig wird das System mittels der ständigen datengestützten Analyse von Lernverhalten auch Lernmedien in Bezug auf Länge, Inhalte und andere Merkmale abstrahieren und nicht nur zwischen Video A und B, sondern auch zwischen verschiedenen Videotypen, Textarten und vielem mehr in Bezug auf ein Lernziel und in Abwägung der Merkmale der Lernenden unterscheiden können.

Ein Beispiel für die Nutzung von Learning Analytics in Bildungsprozessen ist die KhanAcademy.

Blickt man auf *lernzentrierte Systeme*, die primär für die Nutzung durch die Zielgruppe Lernende programmiert wurden, so sind die zahlreichen Lernmedien selbst zu nennen. „Digitale Lernmedien" zeichnen sich dadurch aus, dass sie von Lernenden autonom verwendet werden, um damit Wissen oder Kompetenzen zu erwerben. Klassisch sind hier die Web-Based Trainings, die schon lange existieren und während der Corona-Pandemie einen Aufschwung erlebt haben (mmb-Institut, 2022).

Beispiel

Digitale Lernmedien

Zu den digitalen Lernmedien gehören Online-Trainings am Arbeitsplatz, die Unterweisungen zu Themen, wie Datenschutz, Arbeitssicherheit oder Erste Hilfe geben, aber auch Lernspiele oder freie Software zum Erlernen von Sprachen oder 10-Finger-Schreiben.

Ein wichtiger Trend waren Massive Open Online Courses (MOOC), denen in der Erwachsenen- und Weiterbildung eine größere Relevanz zugesprochen wurde. Während MOOCs durchaus mehrere Wochen dauerten, beschreibt die jährlich erscheinende Trendstudie mmb-Learning-Delphi, dass das weit verbreitete Lernen mit Kurz- oder Erklärvideos zu einem neuen Geschäftsmodell in der Weiterbildungsbranche avanciert ist – dem sogenannten „EduTuber".

Eine ähnliche Entwicklung beschreiben die sogenannten Learning „Nuggets" oder „Micro-Learnings". Es handelt sich dabei um sehr kurze Lerneinheiten, die schnell und zwischendurch, etwa in der Mittagspause oder auf der Dienstreise, auditiv oder visuell Inhalte vermitteln. Damit dies geschehen kann, müssen diese Lernmedien in Anwendungen eingebunden werden, die den autonomen Zugriff von überall ermöglichen. Dies erfolgt über Apps in Smartphones und anderen mobilen Endgeräten sowie über Online-Plattformen wie LinkedIn oder YouTube.

Mit diesem ubiquitären Lernen verbunden ist auch die Idee von *Systemen für kooperatives Lernen*. Diese sind dazu programmiert, Menschen miteinander zum Zweck des Lernens in Kontakt zu bringen. Laut mmb-Learning-Delphi spielen in der betrieblichen Weiterbildung Community-Plattformen, in denen sich Lernende oder auch Experten informieren und miteinander vernetzen, eine wichtige Rolle. Eine im

Vergleich dazu sehr viel geringere Bedeutung für das Lernen in Betrieben spielen Messenger-Dienste (z. B. WhatsApp, Signal).

Beispiel

EPALE, die Online-Plattform für Erwachsenenbildung in Europa

EPALE ist eine offene Plattform für Professionelle der Erwachsenen- und Weiterbildung auf allen Ebenen des Weiterbildungssystems. Sie wird von der Europäischen Kommission finanziert und beinhaltet gezielte formale und informelle Vernetzungsmöglichkeiten wie ein schwarzes Brett und eine Partnersuchbörse für Projektbewerbungen sowie Blogs.

→ https://epale.ec.europa.eu/en

Blockchain ist eine dezentralisierte, netzwerkartig organisierte Datenbank-Technologie, die Datensicherheit, Transparenz und nahezu Fälschungssicherheit verspricht.

An die Auflistung all dieser digitalen Medien und Kurzformate schließt sich die Frage an, wie die dort erworbenen Kompetenzen und Wissensinhalte durch Zertifizierung anerkannt werden können. Während die inhaltliche trägerübergreifende Anerkennung von Abschlüssen und Zertifikaten auch in der digitalisierten Welt weiterhin an übergreifende Standards, wie sie etwa im Deutschen Qualifikationsrahmen beschrieben sind, gebunden sein wird, stellt sich in der digitalisierten Welt darüber hinaus die Frage, ob die hier erworbenen Zertifikate fälschungssicher sind. Die Blockchain-Technologie, mit der auch die sogenannten Krypto-Währungen arbeiten, stellt hier eine technische Option dar. Sie „beruht auf der dezentralen Sicherung, Verwaltung und Transaktion von Daten von und mit unterschiedlichen Partnern. Dabei kann niemand eine Änderung an den Daten vornehmen, ohne dass dies für alle nachvollziehbar wäre, sodass die so gesicherten Daten als fälschungssicher gelten" (Prinz, 2021, S. 41).

Beispiel

Blockchain for Education-Plattform

Im Rahmen der BMBF-Förderlinie INVITE hat das Fraunhofer FIT die „Blockchain for Education-Lösung" entwickelt. Es handelt sich um eine webbasierte Plattform, die mittels Blockchain Sicherheit in Sachen Management und Fälschung von Zertifikaten sowie eine einfache Überprüfung bietet. Dabei bezieht sich das System auf international etablierte, maschinenlesbare Standards (Prinz, 2021).

3.3 Zusammenfassung

Mit „Technik" und „Technologie" sind wichtige Aspekte der Digitalisierung benannt, die Lehr-Lern-Prozesse genauso wie Organisationsprozesse in der Erwachsenen- und Weiterbildung mit strukturieren. Vor diesem Hintergrund sind mit der Bildungstechnologie ein interdisziplinäres Forschungsfeld ebenso wie ein Wirtschaftszweig entstanden, die die Gestaltung von Lehr-Lern-Prozessen mit der Gestaltung von Technologie zu verbinden versucht.

Grundsätzlich lassen sich Technologien, die für den Einsatz durch Lehrende konzipiert und programmiert wurden, von solchen Technologien unterscheiden, die für die primäre Nutzung durch die Lernenden programmiert wurden. Auch in der Erwachsenen- und Weiterbildung lassen sich hierfür zahlreiche Beispiele nennen. Angesichts der weiteren technologischen Entwicklungen – insbesondere im Bereich Blockchain und Learning Analytics – ist es für die Bildungspraxis wichtig, individuell oder auf die eigene Organisation bezogen abzuwägen, wie der Einsatz von digitaler Technik die Bildungspraxis formt – also diese ermöglicht und beschränkt.

Dank solcher Einsichten wird es Frau K. noch besser möglich sein, ihren Kolleginnen und Kollegen die Potenziale und Limitierungen von digitalen Technologien nahezubringen. Mit diesem Wissen um die Funktionsweisen der Technologien kann sie zudem noch fundierter auf Befürchtungen und Berührungsängste anderer Personen eingehen und sie für die Nutzung digitaler Technologien begeistern.

Bildungstechnologische Entwicklungen erfolgen sehr schnell und sind in ihren Möglichkeiten und Herausforderungen schwer abzuschätzen. Diese Innovationen, die teilweise auch durch wirtschaftliche Interessen getrieben werden, müssen mit Blick auf den pädagogischen Nutzen geprüft werden. Helfen würden dabei Studien, die diese Entwicklungen wissenschaftlich mit Blick auf bspw. didaktischen Nutzen untersuchen. Bisher fehlen diese Untersuchungen, und Praktikerinnen wie Frau K. sind auf ihr persönliches Engagement, individuelle Medienkompetenz und pädagogische Haltung angewiesen.

Fragen & Aufgaben

1. Über die Erwachsenen- und Weiterbildung werden heterogene Zielgruppen angesprochen. Welche Möglichkeiten sehen Sie für den Einsatz von Technologien im Hinblick auf die Zielgruppe der gering Literalisierten? Schauen Sie zur Beantwortung auch in diesen Text: Buddeberg, K. & Grotlüschen, A. (2020). Literalität, digitale Praktiken und Grundkompetenzen. In A. Grotlüschen & K. Buddeberg (Hrsg.), *Leo 2018 – Leben mit geringer Literalität* (S. 197–226). Bielefeld: wbv Publikation.
2. Welche Chancen und Herausforderungen und vielleicht auch Probleme sehen Sie im Geschäftsfeld der EduTuber?
3. Überlegen Sie sich einen konkreten Anwendungsbereich von Künstlicher Intelligenz in der Erwachsenen- und Weiterbildung. Bitte diskutieren Sie sowohl die Chancen und Herausforderungen in der Praxis als auch mögliche Risiken.

Tipps zum Weiterlesen

Klinge, D. (2020). Lehrende Algorithmen – spielend-behavioristische Lernanregungen von Apps als digitale Technologien. *Hessische Blätter für Volksbildung, 70*(3), 65–75. https://doi.org/10.3278/HBV2003W007
Der Beitrag verdeutlicht, wie Lern-Apps und Algorithmen das Lernen Erwachsener verändern und zum Teil infantilisieren.

Schrader, J. & Brandt, P. (Hrsg.) (2021). Gute EdTech. Gute Bildung? [Themenheft]. *weiter bilden. DIE Zeitschrift für Erwachsenenbildung, 28*(2). https://dx.doi.org/10.3278/WBDIE2102W
Das Heft gibt einen breiten und doch vertiefenden Einblick in aktuelle Projekte der Erwachsenenbildung im Bereich EdTech.

Schrader, J. & Brandt, P. (Hrsg.) (2019). KI, LA & Co. Künstliche Intelligenz und Learning Analytics in der Erwachsenenbildung [Themenheft]. *weiter bilden. DIE Zeitschrift für Erwachsenenbildung, 26*(4). https://dx.doi.org/10.3278/WBDIE1904W
Das Heft diskutiert die Potenziale, Gefahren und Grenzen von KI und Learning Analytics in der Erwachsenenbildung. Sehr lesenswert ist dabei ein Interview mit Prof. Olaf-Zawacki-Richter und Michael Brendel.

4 Digitalisierung als Feld der Erwachsenen- und Weiterbildung

In diesem Kapitel wird die Entwicklung des Diskurses zur Digitalisierung in der Forschung sowie in der Praxis der Erwachsenen- und Weiterbildung nachgezeichnet. Dabei wird auch auf die Entwicklung des Einsatzes von digitalen Medien eingegangen. Das Verhältnis zwischen digitalen Medien und Erwachsenen- und Weiterbildung zeigt sich historisch als sehr ambivalent. Auf der einen Seite hat die Erwachsenen- und Weiterbildung sich immer schon interessiert neuen Medien zugewandt, auf der anderen Seite zeigten sich aber immer auch Widerstände.

Lernziele

- Die historische Genese des Diskurses zur Digitalisierung in der Erwachsenen- und Weiterbildung nachzeichnen können
- Die Bedeutung von digitalen Medien für die Erwachsenen- und Weiterbildung einordnen können
- Historische Etappen der Entwicklung des Praxisfeldes Erwachsenen- und Weiterbildung mit Medien kennenlernen
- Ziele der Digitalisierung in der Erwachsenen- und Weiterbildung kennenlernen

Als Frau K. in den verschiedenen Programmbereichen bekannt gemacht wurde, ist sie auf der einen Seite freudig begrüßt worden, auf der anderen Seite bemerkte sie Reserviertheit gegenüber dem Thema Digitalisierung. Sie nimmt sich vor, die persönlichen Einstellungen der Mitarbeitenden kennenzulernen und auch in Erfahrung zu bringen, wie der Prozess der Digitalisierung in der Einrichtung war und wie mit dem Thema ganz grundsätzlich in der Erwachsenen- und Weiterbildung umgegangen wurde und wird.

4.1 Geschichtliche Entwicklung

Der Begriff „digital" tauchte in Deutschland erstmals in den 1960er Jahren auf.

Wenn heute von Digitalisierung die Rede ist, so sind dabei zumeist aktuelle Phänomene im Fokus. Dabei wird häufig aus dem Auge verloren, dass es sich bei der Digitalisierung um einen Prozess handelt, welcher nicht erst seit der Erfindung und Verbreitung des Internets Anfang der 1990er Jahre eingesetzt hat, sondern Vorläufer hatte, welche eben diese Entwicklung und die derzeitige Auseinandersetzung mit dem Thema prägen. Letztendlich können der aktuelle Diskurs zur Digitalisierung sowie die unterschiedlichen Perspektiven, die in den verschiedenen Bereichen der Erwachsenen- und Weiterbildung verwendet werden, nur vor dem Hintergrund dieser Entwicklung verstanden werden. Es wird aber auch deutlich, dass einzelne Diskussionen immer wieder geführt werden, aber vor dem Hintergrund unterschiedlicher Rahmenbedingungen auch geführt werden müssen. Dazu gehört z. B. die Aufgabe der Erwachsenen- und Weiterbildung im Kontext der Mediatisierung, mediendidaktische Fragestellungen oder die Kompetenzanforderungen an Erwachsenenbildnerinnen und Erwachsenenbildner (Rohs & Bolten-Bühler, 2022).

Ein genauer Beginn der Digitalisierung im Bereich der Erwachsenen- und Weiterbildung lässt sich nur schwer bestimmen. Dabei können zwei Zeitpunkte unterschieden werden: zum einen der Moment, da Computer und digitale Technik zum Thema bzw. Gegenstand in der Erwachsenen- und Weiterbildung werden; zum anderen der Moment, da digitale Medien zur Vermittlung von Inhalten bzw. zur Lernunterstützung eingesetzt werden.

Da heute alle Lebensbereiche mit digitalen Geräten, Medien und Technologien durchdrungen sind, sind sie längst Gegenstand vielfältiger Weiterbildungsangebote, ohne dass aber das Wort „Digitalisierung" als Thema explizit ausgewiesen wird. Bereits Ende der 1960er Jahre wurde die Digitalisierung auf diese Weise zum Gegenstand von Angeboten der Erwachsenen- und Weiterbildung.

Der Behaviorismus basiert auf dem Verhältnis von Reiz und Reaktion.

Digitale Medien, insbesondere der Computer, werden auch, wie oben erwähnt, zur Unterstützung der Wissensvermittlung in der Erwachsenen- und Weiterbildung eingesetzt. Die Entwicklung solcher Lehr-Lern-Medien geht auf mechanische Lehrmaschinen zurück, die ab den 1920er Jahren in den USA entwickelt wurden und durch behavioristische Lerntheorien (→ Kapitel 8) ab den 1950er Jahren einen Aufschwung erfuhren. Dabei spielte insbesondere der US-amerikanische Psychologe Burrhus

Burrhus Frederic Skinner (1904–1990) ist einer der einflussreichsten Vertreter des Behaviorismus.

Frederic Skinner eine zentrale Rolle. Die Maschinen waren dabei zunächst eher mit Schreibmaschinen zu vergleichen, bevor dann vergleichbare Prinzipien zunächst auf Microfiche und Dias und ab den 1970er Jahren auf Computer übertragen wurden (Benjamin, 1988). Auch in Deutschland wurden ab den 1960er Jahren erste Forschungsprojekte zu Lehrmaschinen durchgeführt. Im Zentrum stand dabei vor allem der Schul- und Hochschulbereich. Erst ab den 1980er Jahren investierten dann Großunternehmen in die Entwicklung computerunterstützter Lernprogramme für die betriebliche Aus- und Weiterbildung (Niegemann et al., 2008, S. 3 ff.), und auch in anderen Bereichen der Erwachsenenbildung wurde mit computerunterstütztem Unterricht experimentiert.

Beispiel

> **Denken und Lernen durch technische Medien**
> Wochenendkurs von Prof. Dr. Felix von Cube, Berlin
> 3 Referate, Freitag/Samstag
> Beginn: 17. Oktober, 20 Uhr, EinsteinHaus
>
> Die Schule der bisherigen Form ist eine Funktion einer vergangenen Gesellschaft. Sie hat die Konsequenzen, die sich aus der demokratischen Gesellschaftskonzeption und der wissenschaftlich-technischen Zivilisation ergeben, noch nicht gezogen. Noch immer geht „Reproduzieren" und „Bewahren von Traditionen" vor einer wissenschaftlichen und technischen Ausbildung, die zu „Veränderung" und „Konstruktion" führt. Die moderne Technik und insbesondere die Kybernetik gibt uns heute Mittel und Methoden in die Hand, die technische Intelligenz und damit das produktive Denken und eine flexible Leistungsfähigkeit zu fördern. Es wird höchste Zeit, sich von antitechnischen Ressentiments zu befreien und die technischen Mittel in den Dienst einer emanzipierenden Erziehung zu stellen.
>
> 1. Kybernetik und Pädagogik
> 2. Programmierter und Computerunterstützter Unterricht
> 3. Selbstinstruierendes Lernmaterial und seine Anwendung in der Schule

Abbildung 4: Beispiel für ein frühes Weiterbildungsangebot zur Digitalisierung aus dem Trimester-Programm der Volkshochschule Ulm von 1969 (Quelle: digitales VHS-Programmarchiv, Deutsches Institut für Erwachsenenbildung, https://www.die-bonn.de/weiterbildung/archive/programmplanarchive/)

Wegweiser Forschung

Eine Analyse von Kursangeboten der Ulmer Volkshochschule (Rohs et al., 2021) zeigt, dass zunächst eine kritische Auseinandersetzung mit den gesellschaftlichen Folgen des Einsatzes von Computern und digitaler Technologie im Vordergrund stand. Deren Einsatz erfolgte zu diesem Zeitpunkt vor allem in der Wirtschaft und im Militär. Die kritische Auseinandersetzung wurde sehr bald von Weiterbildungsangeboten zur beruflichen Qualifizierung im Bereich der Mikroprozessor- und Computertechnik übertroffen, auch wenn Anzahl und Stundenvolumen der Angebote bis in die 1980er Jahre noch relativ gering waren. Mit zunehmender Verbreitung von Computeranwendungen in den Unternehmen – seinerzeit nannte man das „Elektronische

Datenverarbeitung" (EDV) – nahmen ab dieser Zeit Angebote in Programmiersprachen und informationstechnologischen Grundlagen deutlich zu. Eine weitere Steigerung des Angebotsvolumens erfolgte dann mit der Markteinführung von Personal Computern (PC) ab den 1990er Jahren. Neben der zunehmenden Bedeutung von Büroanwendungen (Textverarbeitung und Tabellenkalkulation) wuchs durch die private PC-Nutzung auch das Interesse an Grundlagen im Bereich der Computeranwendung und des Internets. Die entsprechenden Angebote differenzierten sich dann zunehmend nach einzelnen Zielgruppen (z. B. Senioren, Frauen) und Interessen weiter aus und orientierten sich an neuen Entwicklungen der Hard- und Software, wie z. B. Social Media, Bildbearbeitung, Smartphones.

Historischer Exkurs

Wer sich für die Geschichte der „Teaching Machines" interessiert, findet bei Ferster (2014) sowie Watters (2021) eine jeweils umfassende und lesenswerte Übersicht mit zahlreichen Abbildungen, die die Entwicklung von den Anfängen bis heute plastisch nachvollziehbar machen.

Auch wenn mit einer Welle sogenannter „Neuer Medien" vielfältige Möglichkeiten einer Unterstützung des Lehrens und Lernens mit digitalen Medien entstanden, konnten sich solche Anwendungen nicht durchsetzen. Unter dem Begriff „Neue Medien" wurden dabei eine ganze Reihe von „Informations-, Unterhaltungs- und Dienstleistungssystemen" (Hüther, 1986, S. 16) verstanden, wobei sich das „neu" weniger auf die technischen Lösungen als auf die Einsatzmöglichkeiten im Bildungsbereich bezog. Dazu gehörten neben dem Computer u. a. Kabelfernsehen und Bildschirmtext, welche bessere Erreichbarkeit und Interaktion ermöglichten, oder Bildplatten, welche hohe Speicherkapazitäten hatten und mit denen z. B. Einzelarbeit und damit Individualisierung im Unterricht besser umgesetzt werden konnte (ebd., S. 16 ff.).

Selbstlernzentren betonen die Selbstorganisation des Lernens.

Durchsetzen konnten sich neben dem Fernstudium (Zawacki-Richter, 2001) zumindest kurzfristig auch Selbstlernzentren (Mai, 2004), die ab den 1970er Jahren für die Erwachsenen- und Weiterbildung eine Rolle spielten und auch aktuell wieder an Bedeutung gewinnen (Stang, 2015). Dabei handelt es sich um räumliche Arrangements, z. B. in Bibliotheken oder Volkshochschulen, welche zum selbstgesteuerten Lernen neben Büchern und anderen Informationsmedien auch Labore und Werkräume umfassen konnten. Die Lernenden sollten selbstgesteuert lernen und werden dabei durch Pädagoginnen und Pädagogen bei der Auswahl der Lernmedien sowie im Lernprozess und bei Lernschwierigkeiten begleitet (ebd.).

Auch wenn die Entwicklungen in einzelnen Bereichen der Erwachsenen- und Weiterbildung sehr unterschiedlich waren und vor allem die betriebliche Weiterbildung als Vorreiter der Digitalisierung genannt werden kann, kam es erst ab Mitte der 2010er Jahre zu einer Ausweitung des Einsatzes digitaler Lehr-Lern-Medien in der Erwachsenen- und Weiterbildung, die dann in und durch die Corona-Pandemie ab 2020 massiv verstärkt wurden.

4.2 Zwischen Kulturpessimismus und Technikeuphorie

Die Einführung neuer Medien hat in der Geschichte immer wieder zu großer Skepsis und Ablehnung geführt. Dieses Phänomen ließ sich schon bei der Verbreitung des Buches als Massenmedium im 18. Jahrhundert beobachten, anlässlich der vor einer „Lesesucht“ gewarnt wurde. Mit Blick auf die Einführung des PC gab zweihundert Jahre später der Erwachsenenbildner Franz Pöggeler zu bedenken: „Durch die Benutzung von ‚Denkmaschinen‘, wird uns nicht nur das Lesen, sondern auch das Rechnen und manch andere Lernqualifikation ‚abgenommen‘“ (Pöggeler, 1986, S. 14).

Kulturpessimisten gehen von einer negativen Entwicklung der Gesellschaft aus.

Solche kulturpessimistischen Einstellungen zur Einführung des Computers lassen sich in der (Erwachsenen-)Bildung vielfach bis heute finden. Kritisiert wurde, dass es bei der Einführung von Computern um die Absatzinteressen der Industrie gehe, die zwischenmenschliche Kommunikation verdrängt werde und es zu einer zunehmenden Ungleichheit der Bildungschancen komme (Arbeitsgemeinschaft für Sozialdemokraten im Bildungsbereich et al., 1985). Der Neurobiologe Manfred Spitzer warnte gar vor der „digitalen Demenz“, die sich aus dem Computerkonsum ergebe (Spitzer, 2012).

Auch das Radio und das Kino wurden schon früh für die Erwachsenenbildung eingesetzt.

Andererseits wurden die Möglichkeiten der neuen, digitalen Medien auch durchaus interessiert aufgenommen. Und es wird versucht, diese zur Unterstützung der Erwachsenen- und Weiterbildung einzusetzen. Im Rückblick stellte Schmid schon vor drei Jahrzehnten fest: „Entweder – oder: Kulturpessimismus oder Technikeuphorie, aber kaum Zwischentöne, so konnte man den (Zu-)Stand der Diskussion in der Weiterbildung um die neuen Medien bis vor kurzer Zeit diagnostizieren“ (Schmid, 1986, S. 95).

Solche gegenläufigen Positionen der Erwachsenen- und Weiterbildung zur Digitalisierung wurden noch bis vor wenigen Jahren diagnostiziert (Pietraß, 2015), wobei sich sowohl die Rahmenbedingungen als auch der Diskurs verändert haben. War die Diskussion in den 1980er Jahren noch in Teilen durch technikfeindliche und bewahrpädagogische Tendenzen geprägt, erfolgte später eine differenzierte Auseinandersetzung mit Chancen und Risiken. Kritische Stimmen waren dabei als „Gegenposition zu bildungspolitischen Forderungen einer funktionalen Technikqualifizierung“ (Rohs & Bolten-Bühler, 2022) zu interpretieren, welche Zielsetzungen von Autonomie und Emanzipation im Kontext der Digitalisierung vernachlässigten oder gänzlich ausgeblendet haben. Gleichzeitig war im Zuge der zunehmenden Verbreitung von Computern in beruflichen und privaten Bereichen die Erwachsenen- und Weiterbildung aufgerufen, den technologischen Transformationsprozess durch entsprechende Weiterbildungsangebote zu begleiten sowie Erfahrungen mit dem Einsatz innovativer Lehr-Lern-Technologien zu sammeln. Damit traten in den 1990er Jahren pragmatische Fragen zum zielgruppenspezifischen Einsatz digitaler Medien sowie der mediendidaktischen Qualifizierung der Erwachsenenbildnerinnen und Erwachsenenbildner in den Mittelpunkt (ebd.).

Historischer Exkurs

Lesenswerte historische Dokumente sind sowohl der REPORT Nr. 42 aus dem Jahr 1998 zum Thema „Erwachsene – Medien – Bildung" (Faulstich-Wieland et al., 1998) als auch das Positionspapier des DIE „Neue Medien in der Erwachsenenbildung" (DIE, 2001). Beide Dokumente geben Einblicke in die kritischen Vorbehalte gegenüber Medien, aber auch die Euphorie in Bezug auf deren Nutzungspotenziale.

Während es z. B. im Hochschulbereich durch eine massive öffentliche Förderung der Digitalisierung zu einer Entwicklung von Strukturen als auch einer umfangreichen Forschung in diesem Bereich kam, kam beides in der Erwachsenen- und Weiterbildung bis Mitte der 2010er Jahre fast gänzlich zum Erliegen. Die Gründe dafür sind bisher noch nicht erforscht. So ist zum einen zu vermuten, dass der hohe finanzielle Aufwand für Investitionen in neue Technologien, welche kaum den gewünschten Erfolg gebracht haben, die Bereitschaft für weitere Investitionen verringerten. Zum anderen könnten auch grundsätzliche Werthaltungen und Überzeugungen, welche sich z. B. durch den Wunsch nach einem direkten persönlichen Austausch mit Teilnehmenden zeigen, eine Rolle gespielt haben.

Wenn die Erwachsenen- und Weiterbildung sich heute mit der Digitalisierung intensiv(er) auseinandersetzt, so hat dies u. a. folgende Gründe:

- die bildungspolitische Forderung nach Digitalisierung,
- eine entsprechende Förderung durch die Bildungspolitik,
- veränderte Erwartungen und Nachfrage der Teilnehmenden nach Online-Angebote oder/und
- veränderte Einstellungen des Weiterbildungspersonals durch einen sich abzeichnenden Generationswechsel in den Einrichtungen (vor allem der öffentlich geförderten Weiterbildung).

Rückfragen an die Forschung

Technik ist in der Erwachsenen- und Weiterbildung von jeher thematisiert und eingesetzt worden. Es gibt hier wenig systematische Forschung, welche Bedingungen dazu führen, dass bestimmte Technologien in der Erwachsenen- und Weiterbildung oder in deren Teilbereichen einen Durchbruch erfahren oder warum nicht.

4.3 Ziele, Strategien und Konzepte der Digitalisierung

Wie sich aus der oben skizzierten historischen Entwicklung zeigt, sind Ausmaß und Umfang der digitalen Angebote in der Erwachsenen- und Weiterbildung immer ein Resultat der konkreten Rahmenbedingungen und Anforderungen. Die Verbände und Einrichtungen reagieren darauf mit unterschiedlichen Digitalisierungsstrategien. An zwei Beispielen – der allgemeinen Erwachsenenbildung und der betrieblichen Weiterbildung – soll im Folgenden verdeutlicht werden, wie solche Strategien entwickelt wurden.

„Erweiterte Lernwelten" der Volkshochschule

Bis in die 2010er Jahre waren strategische Überlegungen zur Digitalisierung in der *allgemeinen Erwachsenenbildung* kaum zu finden. Erst 2013 wurde im Auftrag des Deutschen Volkshochschul-Verbands (DVV) mit der Entwicklung einer Digitalisierungsstrategie für die Volkshochschulen begonnen. In dem daraus entstandenen Ansatz der „Erweiterte Lernwelten für Volkshochschulen in Deutschland" (Köck & Will, 2015) wird eine grundsätzlich positive Haltung zur Digitalisierung deutlich. Dabei wird auf eine inhaltliche, soziale und räumliche Verknüpfung analoger und digitaler Lernpraxen fokussiert:

- inhaltlich meint [dies] eine Erweiterung der klassischen Curricula durch miteinander vernetzte Lernbausteine und Lernerfahrungen, auch über die bisherigen Fächergrenzen hinaus;
- sozial bezieht sich [dies] auf die Rolle der Beteiligten am Lernprozess: Lerngemeinschaften vernetzen sich zusätzlich digital, die Gruppe im ‚Unterrichtsraum' wird durch externe Beteiligte erweitert;
- räumlich meint [dies] die Ausweitung der Lernorte, die sich unter Zuhilfenahme des Internets entscheidend erweitern und potenziell jeden Ort mit guter Netzanbindung zu einem Lernort machen (ebd., o. S.).

Damit sollen bestehende Vorteile einer flächendeckenden lokalen Präsenz der Volkshochschulen mit den Möglichkeiten zeitlicher und räumlicher Flexibilität verbunden werden. Dahinter steht der Auftrag und Selbstanspruch der Volkshochschulen „Lernen für alle" zu gewährleisten, d. h. mögliche Hürden der Weiterbildungsbeteiligung durch die Digitalisierung zu überwinden (z. B. fehlende Medienkompetenz) und gleichzeitig bestehenden Barrieren (z. B. eingeschränkte Mobilität) entgegenzuwirken. Damit soll der „digitalen Spaltung" der Gesellschaft entgegengewirkt und eine allgemeine Medienkompetenz (→ Kapitel 2.2) der Bürgerinnen und Bürger gefördert werden.

In Bezug auf die Rolle digitaler Medien zur Unterstützung von Lehr-Lern-Prozessen wird betont, dass es nicht darum gehe, „der Technik die Persönlichkeitsentwicklung im Bildungsprozess zu überlassen, im Gegenteil, Technik soll Pädagoginnen und Pädagogen mehr Raum geben um, diesen Prozess professionell gestalten zu können" (ebd., o. S.).

Die Strategie der „Erweiterten Lernwelten" des DVV stellt derzeit die umfangreichste und am weitesten ausgearbeitete Reaktion eines Verbandes der Erwachsenen- und Weiterbildung auf die Digitalisierung dar. Dabei werden die inhaltliche und methodische Rolle digitaler Medien vor dem Hintergrund allgemeiner Zielsetzung sowie ethischer Grundhaltungen des Verbandes ausgedeutet. Darüber hinaus werden konkrete Vorhaben zur Professionalisierung des Weiterbildungspersonals sowie der notwendigen Verbesserung der Infrastruktur vorgeschlagen. Dazu gehörte z. B. die Einführung einer Online-Lernumgebung, der sogenannten „vhs.cloud", welche allen

Volkshochschulen und ihren Teilnehmenden zur Verfügung steht, sowie „DigiCircles“ als Vernetzungsstrukturen der Mitarbeitenden zur Entwicklung und Umsetzung digitaler Lernprojekte (DVV, 2019).

Beispiel

DigiCircles

Die DigiCircles bilden regionale Verbünde von Volkshochschulen, in denen digitale Kurskonzepte und innovative Lernangebote praxisnah entwickelt und erprobt werden. Zudem werden diese Aktivitäten reflektiert, um Erfolgsfaktoren zu identifizieren.

Dabei tritt das humanistische Weltbild des Verbandes zu Tage. Die DigiCircles können somit auch als ein Versuch verstanden werden, einen Kompromiss zwischen bestehenden Werten und Strukturen und den Anforderungen der Digitalisierung herzustellen.

Im Gegensatz zur Konzeption des DVV wird bei den Anbietern der *betrieblichen Weiterbildung* ein stärkeres Dienstleistungsverständnis deutlich. In einem Strategiepapier des Wuppertaler Kreises aus dem Jahr 2018 heißt es:

Wuppertaler Kreis ist ein regionaler Verband von Weiterbildungsanbietern.

> „[Sie] leisten mit firmeninternen Maßnahmen und weiteren individuell abgestimmten Bildungsangeboten einen wertvollen Beitrag dazu, dass Unternehmen die Transformation erfolgreich bewältigen. Zugleich ist die Digitalisierung auch für die Weiterbildungsbranche selbst eine Chance und Herausforderung. Als Dienstleister stehen die Bildungsunternehmen vor der Herausforderung nicht nur digitale Bildungsprodukte zu entwickeln und Unternehmen bei der Digitalisierung fachlich zu unterstützen. Es geht auch darum, die eigenen Prozesse mit den Möglichkeiten der Digitalisierung neu auszurichten“ (Wuppertaler Kreis e. V., 2018, S. 11).

In diesem Statement wird deutlich, dass die digitale Transformation vornehmlich aus Perspektive der Kundinnen und Kunden und des Wettbewerbs interpretiert wird. Eine Digitalisierung des Produktspektrums wird von 82 Prozent der Befragten als „unabdingbar“ gesehen (Wuppertaler Kreis e. V., 2019, S. 19).

Diskussionsgegenstand der strategisch-konzeptionellen Ausrichtung ist dabei vor allem die Frage, welche innovativen Lösungen es gibt oder geben kann, die auf die bestehenden Probleme der Unternehmen antworten. Auch wenn eine umfassende Strategie und Konzeption zur Digitalisierung im Bereich der beruflichen Weiterbildung aufgrund der Konkurrenzsituation einzelner Anbieter unwahrscheinlich ist, wird die Ausrichtung der Entwicklung deutlich: Sie ist geprägt von einer starken Orientierung am Kunden und damit einer großen Offenheit gegenüber der Digitalisierung. Großer Bedarf wird dabei in modularen Angeboten für ein selbstgesteuertes, arbeitsprozessintegriertes Lernen gesehen. Für die Anbieter ergeben sich hieraus umfassende Anforderungen an die Optimierung eigener Prozesse und Angebote, um im Wettbewerb zu bestehen.

4.4 Zusammenfassung

Die Digitalisierung wird bereits seit Ende der 1960er Jahre von der Erwachsenen- und Weiterbildung in ihren Angeboten als Thema aufgegriffen. Wie zuvor auch schon bei anderen Massenmedien, wie das Buch oder das Fernsehen, wurde versucht, auch die Chancen digitaler Medien für die Unterstützung von Lehr-Lern-Prozessen zu nutzen. Dennoch bestand bis in die 2000er Jahre ein eher ambivalentes Verhältnis der Akteure der Erwachsenenbildung zur Digitalisierung, welches auch damit in Verbindung gebracht werden kann, dass die hohen Erwartungen an digitale Lehr-Lern-Medien zunächst unerfüllt blieben. Zwar wurde das Angebot an die sich jeweils verändernden technologischen Anforderungen inhaltlich angepasst, eine strategische Auseinandersetzung und Positionierung sowie konzeptionell-methodische Entwicklung der Erwachsenen- und Weiterbildung steht jedoch weitgehend noch aus.

Erst ab Mitte der 2010er Jahre war eine intensivere Auseinandersetzung mit den Folgen der Digitalisierung, auch aufgrund des bildungspolitischen Drucks, erkennbar. Die führte dazu, dass erste strategische Ansätze bei den Verbänden der Erwachsenen- und Weiterbildung entwickelt wurden. Insgesamt sind dabei unterschiedliche Entwicklungsgeschwindigkeiten in den einzelnen Bereichen der Erwachsenen- und Weiterbildung zu beobachten, welche nicht nur mit den verfügbaren finanziellen Mitteln zusammenhängen, sondern auch den unterschiedlichen Zielen, Zielgruppen und Wertvorstellungen Rechnung tragen.

Nachdem sie sich umfassend mit der Geschichte der Digitalisierung im Feld der Erwachsenen- und Weiterbildung auseinandergesetzt hat, erkennt Frau K. die hohe Dynamik dieser Entwicklung. Dies hilft ihr einerseits, die Gründe für die Technik- und Modernisierungsskepsis besser nachzuvollziehen. Andererseits bildet dieses Wissen die Basis, um besser auf Menschen einzugehen, die aufgrund der selbsterlebten technologischen Entwicklungen skeptisch gegenüber neuartigen Technologien sind.

Fragen & Aufgaben

1. Welche unterschiedlichen Schwerpunktsetzungen im Bereich der Digitalisierung finden sich in den 1960er, 1980er und 2000er Jahren an der Ulmer Volkshochschule? Stellen Sie die Schwerpunkte gegenüber und erläutern Sie die Ursachen.
2. Recherchieren Sie im digitalen vhs-Programmarchiv des DIE aus den 1980er Jahren und den 2000er Jahren. Welche unterschiedlichen Begriffe von digitalen Phänomenen finden Sie? Definieren Sie die Begriffe und beschreiben Sie Gemeinsamkeiten und Unterschiede.
3. Sowohl analoge als auch digitale Medien spielen in der Geschichte der Erwachsenenbildung eine wichtige Rolle. Wählen Sie für das 19., 20. und 21. Jahrhundert jeweils ein (Massen-)Medium heraus und erläutern sie die Relevanz für die Erwachsenenbildung.

Tipps zum Weiterlesen

Rohs, M. (2020). Abriss einer Mediengeschichte der Erwachsenenbildung. In O. Dörner, A. Grotlüschen, B. Käpplinger, G. Molzberger & J. Dinkelaker (Hrsg.), *Vergangene Zukünfte – neue Vergangenheiten* (S. 155–164). Opladen: Barbara Budrich.

Der Beitrag gibt einen Überblick über die Rolle von analogen und digitalen Medien in der Geschichte der Erwachsenenbildung und macht deren zentrale Bedeutung sichtbar.

Rohs, M., König, P., Kohl, J. & Hellriegel, J. (2021). Digitalisierung als Gegenstand von Kursangeboten – Eine Längsschnittuntersuchung der vhs Ulm. In C. Bernhard-Skala, R. Bolten-Bühler, J. Koller, M. Rohs & J. Wahl (Hrsg.), *Erwachsenenpädagogische Digitalisierungsforschung* (S. 149–169). Bielefeld: wbv Publikation.

Die Studie zeigt am Fallbeispiel einer süddeutschen Universitätsstadt, wie sich Angebote und Angebotsstrukturen in der Digitalisierung im Nachkriegsdeutschland verändern. Sie verweist auf die drei zentralen Aspekte gesellschaftliche Einordnung/Kritik, Qualifizierung und Zielgruppen.

Rohs, M. & Bolten-Bühler, R. (2022). Der Diskurs zur Digitalität in der Sektion Erwachsenenbildung. Eine inhaltsanalytische Betrachtung anhand der Tagungsbände. In A. Grotlüschen, B. Käpplinger & G. Molzberger (Hrsg.), *50 Jahre Sektion Erwachsenenbildung in der Deutschen Gesellschaft für Erziehungswissenschaft. Konstituierendes – Errungenes – Umbrüchiges aus einem halben Jahrhundert Sektionsgeschichte* (S. 36–54). Opladen: Barbara Budrich.

Am Beispiel der Tagungsbände der Sektion Erwachsenenbildung wird aufgezeigt, wie zwischen Anfang der 1970er bis Anfang der 2020er Jahre Technologien/Medien zum Gegenstand der wissenschaftlichen Auseinandersetzung in der Erwachsenen- und Weiterbildung gemacht wurden.

5

Weiterbildungspolitik und -steuerung in der digitalen Transformation

In diesem Kapitel wird erläutert, inwiefern die Digitalisierung zu einem wichtigen Gegenstand der Weiterbildungspolitik geworden ist und Auswirkungen auf das Weiterbildungssystem gezeitigt hat. Dabei werden sowohl rechtliche und finanzielle Folgen der Digitalisierung als auch Veränderungen der datengestützten Steuerung des Weiterbildungsbereichs und bildungspolitische Initiativen zur Schaffung digitaler Infrastrukturen erkundet. Darüber hinaus wird in diesem Kapitel auf den Stand der Digitalisierung in anderen Ländern, mit Fokus auf die Erwachsenen- und Weiterbildung, geschaut.

Lernziele

- Zentrale bildungspolitische Diskurse zur Digitalisierung in der Erwachsenen- und Weiterbildung kennenlernen
- Auswirkungen der Digitalisierung auf die datengestützte Steuerung der Weiterbildung kennenlernen
- Rechtliche und finanzielle Folgen der Digitalisierung für die Erwachsenen- und Weiterbildung kennenlernen
- Aktuelle bildungspolitische Initiativen im Bereich der Digitalisierung mit Relevanz für die Erwachsenen- und Weiterbildung kennenlernen
- Zusammenhänge zwischen europäischen und nationalen bildungspolitischen Initiativen im Bereich der Digitalisierung kennenlernen

Bildungseinrichtungen können nur dann bestehen, wenn sie Wege der Finanzierung ihrer Angebote finden. Fördermöglichkeiten von Seiten der Bildungspolitik spielen dabei eine zentrale Rolle. Auch die Stelle von Frau K. wird über ein Projekt des Bundeslandes finanziert. Digitalisierung ist in der Bildungspolitik zwar derzeit ein allgegenwärtiges Thema. Es gibt jedoch noch viele Stolpersteine, wenn es um die Abrechnung, Beantragung und Durchführung von Digitalisierungsprojekten geht. Worauf muss Frau K. achten, welche Themen sind relevant und an welchen rechtlichen Rahmenbedingungen muss sich Frau K. orientieren?

5.1 Steuerung und Regulation im Weiterbildungssystem

Vielfältige Weiterbildungslandschaft

Erwachsenen- und Weiterbildung ist eingebettet in ein dynamisches und vielfältiges System von Bildungsanbietern, weiteren Einrichtungen (z. B. Unternehmen, Stiftungen, Verwaltungen) und politischen Rahmenbedingungen, welche das Handeln der Akteure im Weiterbildungsbereich beeinflussen. Die Entwicklungen im Bereich der Digitalisierung stellen die Bildungspolitik ebenso wie die Weiterbildungspraxis vor umfassende strategische und praktische Herausforderungen. Dazu gehören z. B. Fragen der inhaltlichen Ausgestaltung von Angeboten und deren Qualitätssicherung, der mediendidaktischen Professionalisierung des Personals (→ Kapitel 9), aber auch des Datenschutzes.

So sind öffentliche Weiterbildungseinrichtungen auch von der finanziellen Förderung durch die Bildungspolitik abhängig. Außerdem nimmt Politik Einfluss auf das Weiterbildungssystem, indem sie bestimmte Themen über Projekt- oder Programmförderung strategisch forciert (z. B. Weiterbildung des Personals oder technische Infrastruktur). Darüber hinaus hängen z. B. die Möglichkeiten für die Etablierung digitaler Lehr-Lern-Angebote (→ Kapitel 8) direkt an gesetzlichen Rahmenbedingungen, bspw. bei datenschutzrechtlichen Vorgaben zur Nutzung von Videokonferenzsystemen.

Um besser verstehen zu können, welche Handlungsoptionen das pädagogische Arbeiten im Zusammenhang mit politischen Rahmenbedingungen hat, bietet es sich an, das Zusammenspiel der genannten Faktoren aus der Perspektive der sogenannten „Educational Governance“ zu betrachten.

Definition

Educational Governance

Der Begriff beschreibt „das Zustandekommen, die Aufrechterhaltung und die Transformation sozialer Ordnung und sozialer Leistungen im Bildungswesen unter der Perspektive der Handlungskoordination zwischen verschiedenen Akteurinnen und Akteuren in komplexen Mehrebenensystemen“ (Maag Merki & Altrichter, 2015, S. 5).

Im Kern geht es dabei um die Steuerung der (Weiter-)Bildung und deren Strukturen und der involvierten Akteure. Die Besonderheit der Erwachsenen- und Weiterbildung liegt dabei darin, dass sie als eher non-formaler Bildungssektor unter der Prämisse des „Subsidiaritätsprinzips“ agiert. Das heißt, der Weiterbildungsbereich wird nicht direkt von der kommunalen oder Landesverwaltung reguliert, sondern er handelt in gewissen Grenzen selbstgesteuert, sofern z. B. gesellschaftlich relevante Aufgaben erfüllt werden.

Definition

Subsidiaritätsprinzip

Das Subsidiaritätsprinzip betrifft die Regulation gesellschaftlicher Zuständigkeit. In der Verteilung von Aufgaben wird die kleinstmögliche Einheit (Individuum, Familie, Nachbarschaft, Region etc.) beachtet. Erst wenn Aufgaben von dieser Einheit nicht bewältigt werden können, wird die nächstgrößere Einheit (Kommune, Land, Staat) als Hilfeinstanz einbezogen (Käpplinger, 2021, S. 24).

Der Soziologe Hamendinger stellt fest, dass die „digitale Transformation einen konfliktreichen Aushandlungsprozess zwischen starken Wirtschaftsakteuren (vor allem aus der IT-Branche), städtischer Politik und Verwaltung sowie mancherorts von sozialen Bewegungen beinhaltet“ (Hamedinger, 2021, S. 346). Auch für die Erwachsenen- und Weiterbildung kann man von einer Interessenpluralität ausgehen. Hier fehlen aber bisher Studien, die die Steuerung und Regulation von Digitalisierungsstrategien im Weiterbildungssystem untersuchen.

Unterschiedliche Akteure haben Einfluss auf die Digitalisierung der Weiterbildung.

Für den gesamten Bildungssektor hat Förschler (2018) die Rolle unterschiedlicher Akteure (z. B. Bildungspolitik, Vereine, Unternehmen) im Kontext der Digitalisierung herausgearbeitet: „Nicht-staatliche Akteure nahmen und nehmen dabei auf unterschiedlichste Art und Weise und auf verschiedenen Ebenen massiv Einfluss auf das politische Agenda-Setting und entsprechend auf die Implementation spezifischer Steuerungsprozesse“ (Förschler, 2018, S. 46). Insbesondere Netzwerke und Gemeinschaften, wie Stiftungen und Interessenvertretungen, spielen für die Einflussnahme auf die politische Agenda eine große Rolle. Im Zuge der Digitalisierung spielen dabei auch potente wirtschaftliche Akteure eine wichtige Rolle, wie z. B. IT-Unternehmen (Abbildung 5).

Prozesse der digitalen Transformation haben auf das Bildungssystem weitreichende Auswirkungen, die sich auch in der Vervielfältigung und Erhöhung von Abstimmungen zwischen relevanten Akteuren niederschlagen. Dazu gibt es verschiedene Formate, die den Austausch zwischen Politik und Erwachsenen- und Weiterbildung fördern sollen, z. B. Politikberatung, Beiräte in den Bundesländern, Koordinierungsstellen etc.

Abbildung 5: Akteurs-Netzwerk der Digitalisierungsagenda von Bildung in Deutschland (Förschler, 2018, S. 43)

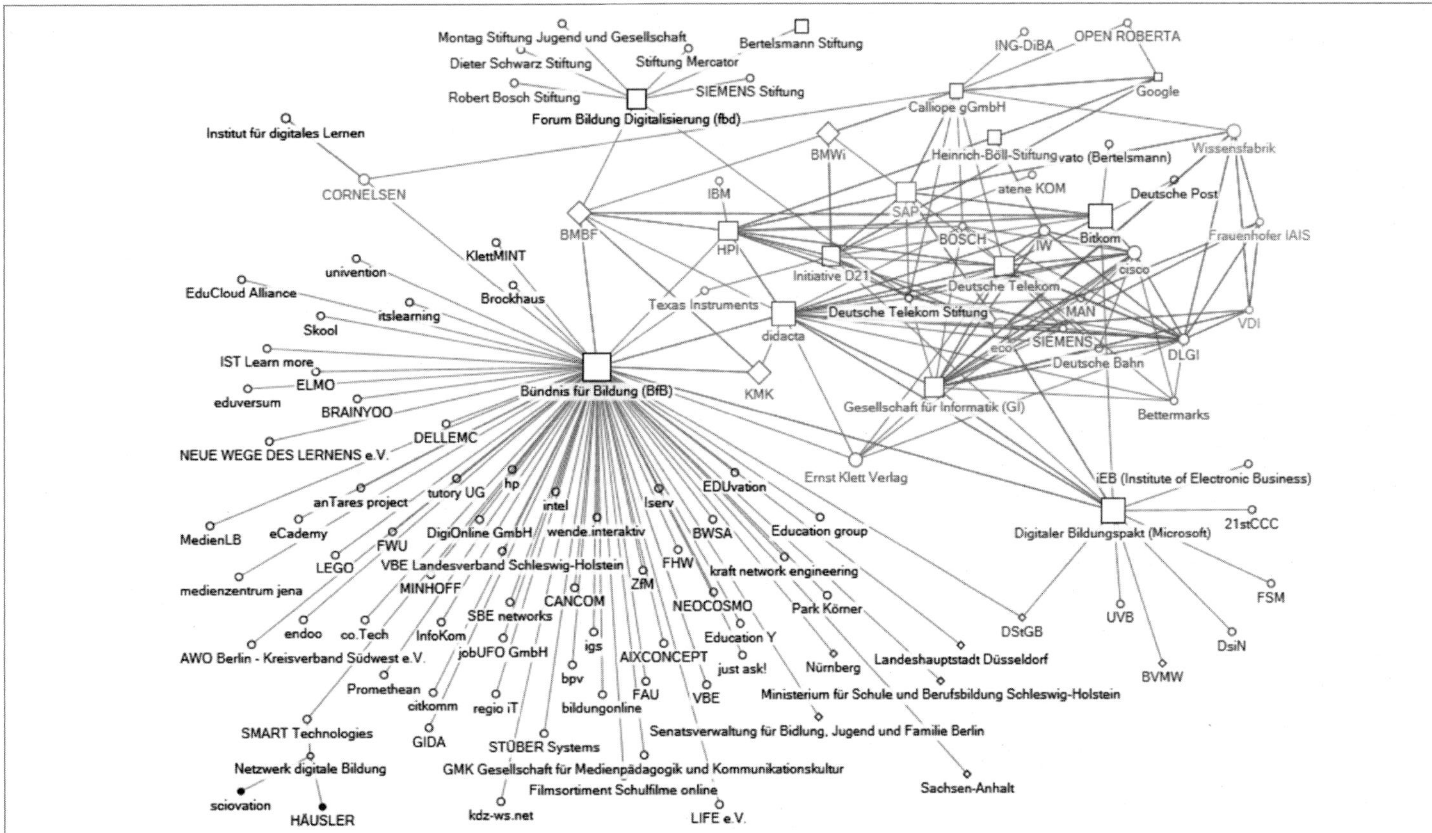

5.2 Maßnahmen der Weiterbildungspolitik

Von Einzelprogrammen zur koordinierten nationalen Weiterbildungsstrategie

Mit der Verbreitung von Computern in Unternehmen ab den 1980er Jahren und der zunehmenden Etablierung digitaler Büroanwendungen wuchs der Bedarf an qualifizierten Fachkräften in diesem Bereich. Infolgedessen wurden Fördermaßnahmen etabliert, die vor allem betriebliche Zielgruppen in den Blick nahmen. So belegten im Rahmen des Projekts „Frauen ans Netz" zwischen 1998 und 2005 rund 160.000 Frauen Internet-Einsteigerkurse. Weitere Maßnahmen, oft in Kooperation mit oder durch Wirtschaftspartner finanziert, richteten sich bspw. an Seniorinnen und Senioren („50plus-ans-Netz" und „Senioren ans Netz"). Insbesondere der Engpass bei IT-Fachkräften zur Jahrtausendwende sowie ein unübersichtlicher Weiterbildungsmarkt für IT-Qualifikationen stellten eine Herausforderung für die Unternehmen dar.

Darauf reagierte man von Seiten der Bundesregierung mit der Entwicklung des IT-Weiterbildungssystems (BMBF, 2002). Entsprechende Programme zur Förderung der IT-Weiterbildung werden bis heute durchgeführt, etwa „Digital-jetzt" für Beschäftigte in kleinen und mittelständischen Unternehmen durch das Bundeswirtschaftsministerium.

Übergreifende Maßnahmen zur Förderung der digitalen Teilhabe sind auch in der „Nationalen Weiterbildungsstrategie" verankert. Diese Strategie kann als Reaktion auf umfassende Strukturveränderungen im Arbeitsmarkt im Kontext der Digitalisierung gesehen werden. Die „Nationale Weiterbildungsstrategie" will zum einen die Vermittlung von Kompetenzen fördern, die zur Teilhabe an einer digitalisierten Lebenswelt notwendig sind. Zum anderen will sie entsprechende digitale Infrastrukturen, in erster Linie Informationsplattformen, aufbauen, welche den Zugang zu Weiterbildungsmöglichkeiten erleichtern und mehr Transparenz über die verfügbaren Angebote schaffen sollen.

Beispiel

Beispiele für Informationsplattformen

- die Nationale Online-Weiterbildungsplattform „NOW" der Bundesagentur für Arbeit
- der Innovationswettbewerb „INVITE" zur Entwicklung von Weiterbildungsplattformen in der beruflichen Bildung
- die Plattform für wissenschaftliche Weiterbildungsangebote „hoch&weit"

Alle Plattformen sollen anschließend über eine „Nationale Bildungsplattform" vernetzt und in einem „Nationalen Bildungsraum" integriert werden. Die Nationale Bildungsplattform integriert Angebote aller Bildungsbereiche und soll über die Anwendung von KI individuelle Lernpfade ermöglichen. Dabei wird ein besonderes Augenmerk auf Datensouveränität und Datenschutz gelegt.

Die Entwicklung einer nationalen Bildungsinfrastruktur ist in europäische Entwicklungen eingebettet. Sie kann zum einen als Umsetzung des „Digital Education

Action Plan“ (2021–2027) der Europäischen Kommission gesehen werden. Die EU-Kommission hatte die Entwicklung eines „digital educational ecosystem“ als strategisches Ziel für den europäischen Bildungsraum formuliert (European Union, 2020). Zum anderen soll eine solche Infrastruktur das nationale Bildungssystem vor den Einflüssen globaler oder nationaler IT-Konzerne schützen, die den Bildungsbereich als Markt betrachten und über ihre Social-Media-Plattformen über den Zugang zu personengebundenen Daten von potenziellen Teilnehmenden verfügen und somit gerade im Weiterbildungsbereich über Wettbewerbsvorteile gegenüber nicht-kommerziellen oder kommunalen Anbietern verfügen (Grotlüschen, 2018).

„Digital Education Action Plan“ der EU-Kommission

Gleichsam ist dabei zu berücksichtigen, dass auch Bildungsplattformen nie pädagogisch neutral sind, da sie bestimmte Formen von Lernen und Bildung fördern bzw. ermöglichen und damit Interessen verfolgen können. Insofern mag es, wie Seemann feststellt, problematisch sein, dass die Nationale Bildungsplattform „in ihrer aktuellen Konzeption jegliche Planung von Governance-Prozessen vermissen“ lässt (Seemann et al., 2022, S. 3).

Plattformen als nicht-neutrale Akteure

5.3 Honorierung und Vergütung in Zeiten digitaler Lernangebote

Zu den Herausforderungen für die Erwachsenen- und Weiterbildung, die sich aus der Digitalisierung ergeben, gehört es vor allem, die Frage der Finanzierung der Angebote wie der Vergütung der Lehrkräfte zu regeln, wenn sich die Präsenzform der Veranstaltung und damit die Bindung an lokale bzw. regionale Anbieter in der digitalisierten Welt aufzulösen beginnen.

Die Finanzierungs- bzw. Vergütungsmodelle für Lehrende in der Erwachsenenbildung waren und sind traditionell in erster Linie auf den Präsenzunterricht ausgerichtet. Die Zunahme von Online-Unterricht mit Selbstlernangeboten führt dazu, dass bestehende Honorierungsmodelle überdacht werden mussten, um unterschiedlichem Arbeitsaufwand gerecht zu werden. Damit verbunden sind auch grundsätzliche Fragen, wie die Veränderung der Tätigkeiten der Lehrenden durch die Digitalisierung und wie diese angemessen honoriert werden können.

Dabei ist es problematisch, dass z. B. bei Volkshochschulen nur Präsenzzeiten und keine Vor- und Nachbereitung bezahlt werden. Eine Studie des Bundesarbeitskreises Erweiterte Lernwelten des DVV zeigte, dass sich vor diesem Hintergrund neue Modelle entwickelt haben. So werden synchrone Online-Einheiten analog zu Präsenzkursen honoriert, Kursleitende für asynchrone Arbeitszeit an Kursgewinnen beteiligt, pauschale Honorierungen (z. B. für die Einarbeitung in Lehr-Lern-Anwendungen, die Einrichtung virtueller Klassenzimmer, die Anschaffung von Technik oder die nachträgliche Begleitung eines Kurses) vereinbart oder nach vorab kalkulierten kursbezogenen Aufwänden vergütet. Die zentrale Herausforderung stellt dabei das

Uneinheitliche Vergütungsmodelle für digitale Lehre

Finden „einer einheitlichen Honorierung sowie deren praktischer Umsetzung dar. Hierbei wird zum einen die fehlende Kontrollmöglichkeit hinsichtlich der tatsächlich durchgeführten Aufwände als Herausforderung empfunden, und zum anderen werden die Bewertungsmöglichkeiten als zu differenziert erachtet. Dies bezieht sich sowohl auf die Bemessung asynchroner Tätigkeiten oder Mehraufwände im Zusammenhang mit Online-Kursen als auch auf die Bewertung von Lerncontents" (Bundesarbeitskreis Erweiterte Lernwelten, 2021, S. 11).

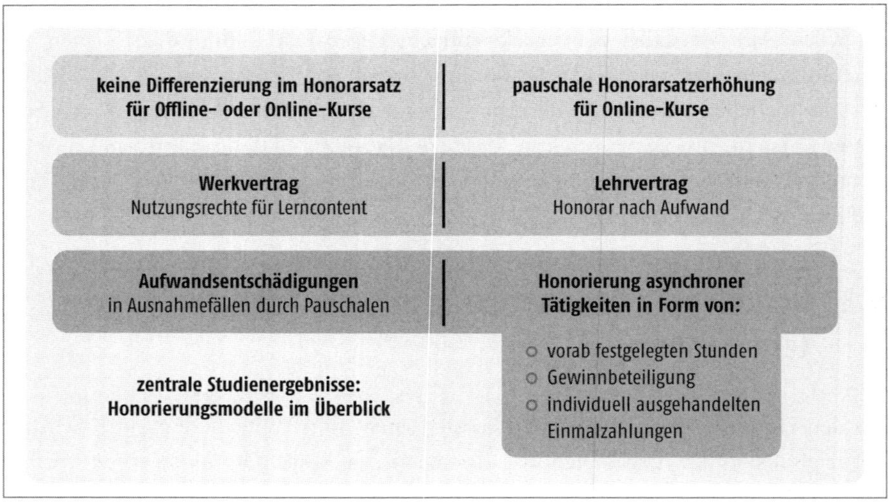

Abbildung 6: Honorierungsmodelle für digitale Lehr-Lern-Formate und Erstellung von Lerninhalten (Bundesarbeitskreis Erweiterte Lernwelten, 2021, S. 1)

Auflösung regionaler Zuständigkeiten und deren Folgen

Aus der Zunahme von digitalen Formaten, welche nicht nur für Zielgruppen vor Ort angeboten werden können, sondern bspw. als reine Online-Formate keinen räumlichen Einschränkungen unterworfen sind, ergeben sich für Anbieter mit regionalen Niederlassungen bzw. Zuständigkeitsbereichen auch Herausforderungen und Chancen der Kooperation und des Marketings. So können über geografische und zeitliche Grenzen hinweg Angebote beworben und neue Kooperationspartner gefunden werden. Mit dieser Delokalisierung, also der Loslösung von bestimmten Prozessen von einem konkreten Raum, stellt sich zudem die Frage, wie die Abrechnung von Leistungen erfolgen kann, die bisher an einen konkreten Ort gebunden waren.

Das betrifft neben Verbänden der allgemeinen Erwachsenen- und Weiterbildung, wie z. B. den Volkshochschulen und den konfessionellen Verbänden, auch andere überregionale Anbieter mit mehreren Niederlassungen. Die Standorte eines Anbieters nutzen dabei in der Regel eine gemeinsame Lernplattform, über die sie überregionale, d. h. auch außerhalb ihres originalen Zuständigkeitsbereiches, Zielgruppen adressieren.

Beispiel

Der DVV bietet mit der vhs.cloud und dem vhs-Lernportal mit Online-Kursen aus den Bereichen Alphabetisierung, Grundbildung und Deutsch als Zweitsprache technische Lösungen, welche einzelne Volkshochschulen nutzen können.

vhs.cloud
vhs-Lernportal

Neben diesen bundesweiten Lösungen bieten auch Landesverbände der Volkshochschulen Plattformen für die überregionale Vermarktung von Angeboten an, wie der Landesverband Sachsen.

Online-VHS Sachsen

Mit solchen plattformbasierten Lösungen und dem Phänomen der Delokalisierung wird jedoch das für viele Weiterbildungsanbieter leitende „Territorialitätsprinzip" in Frage gestellt.

Definition

Territorialprinzip
Das Territorialprinzip ist ein juristischer Begriff, der die Rechtsanwendung auf Personen beschreibt, welche sich in einer bestimmten Region befinden.

Traditionelle Verpflichtung zu regional orientierten Angeboten

Im Weiterbildungsbereich wird der Terminus auch im Sinne einer regionalen Zuständigkeit von Weiterbildungsverbänden und -anbietern verstanden, welche auf Absprachen mit Kooperationspartnern oder innerhalb eines Verbandes bestehen. Darüber hinaus sind die Weiterbildungsgesetze der Länder sowie entsprechende Förderung für territoriale Abgrenzungen ausschlaggebend. So werden Weiterbildungsanbieter mit öffentlicher Förderung (von der Kommune oder vom Land) bedacht, um regional Weiterbildung anzubieten. In diesem Sinne orientieren sich gemeinwohlorientierte Weiterbildungsanbieter in ihrer Programmausrichtung vor allem an kommunalen und regionalen Bedarfen ihrer Zielgruppen. Aus diesem tradierten Verhältnis kann auch eine moralische Verpflichtung und Verantwortung dieser Anbieter für die jeweilige Region begründet werden.

Exkurs Forschung

Eine Befragung von Vertreterinnen und Vertretern der konfessionellen Weiterbildung und der Volkshochschulen in Rheinland-Pfalz (Rohs & Lacher, 2023) hat ergeben, dass die befragten Anbieter das Territorialprinzip nicht grundsätzlich durch die Digitalisierung in Frage gestellt sehen, sondern die erweiterten Möglichkeiten der Digitalisierung nutzen, um die Qualität und das Angebot vor Ort zu verbessern, indem z. B. über Online-Angebote neue Zielgruppen in der Region gewonnen werden oder über Hybrid-Veranstaltungen die Flexibilität der Angebote verbessert wird.

Gleichzeitig zeigen sich aber auch vermehrt Kooperationen, so dass die Folgen der Digitalisierung für das Territorialitätsprinzip sowie die Organisationsstrukturen innerhalb der großen Weiterbildungsverbände noch nicht abschließend beurteilt werden kann. Es ist jedoch möglich, dass sich daraus eine Veränderung der Steuerungsstatik ergeben könnte, da Verbände der Weiterbildung auf Bundes- und Landesebene über ihre koordinierende Funktion gemeinsamer Plattformen mehr Einfluss erhalten (Alke, 2022).

5.4 Zusammenfassung

Welche Auswirkungen die Digitalisierung auf den Weiterbildungsbereich hat, wird von zahlreichen Akteuren beeinflusst. Diese gestalten durch ihre rechtliche Position, ihr politisches Mandat oder als einflussreiche Akteure im öffentlichen Diskurs die digitale Transformation, indem sie Anforderungen an die Erwachsenen- und Weiterbildung stellen oder bestimmte Entwicklungen unterstützen. Gleichzeitig stehen durch die Digitalisierung umfangreiche Daten zu den Lehr-Lern-Prozessen zur Verfügung, welche z. B. Auskunft über deren Qualität oder Effizienz geben. Sie bieten die Möglichkeit, sowohl auf Ebene des Gesamtsystems als auch der Einrichtungen und des Personals gezielt Daten zu analysieren und Maßnahmen abzuleiten und so steuernd einzuwirken.

Die Notwendigkeit der Steuerung ergibt sich dabei schon aus den Auswirkungen der Digitalisierung selbst, welche z. B. neue rechtliche Regelungen erfordert. Dabei wirkt sich die Digitalisierung nicht nur auf die Möglichkeiten zur Steuerung des Weiterbildungssystems aus, sondern könnte auch dazu führen, dass einzelne Akteure stärkeren Einfluss auf die Steuerung erhalten.

Frau K. kann nun regional und überregional ausloten, welche Möglichkeiten der Vernetzung es für den Austausch mit verschiedenen relevanten Akteuren gibt. So kann sie sich einen Überblick über die Sicherungen von Finanzierung ihrer Digitalisierungsstrategie machen und die Interessen ihrer Einrichtung geltend machen. In diesem Zusammenhang kann sie bspw. der Leitungsebene Empfehlungen geben, über welche Themen zusätzliche Fördergelder für die eigene Einrichtung beantragt werden könnten und welche Ansprechpersonen hierfür relevant wären.

Fragen & Aufgaben

?

1. Schauen Sie sich die „Nationale Weiterbildungsstrategie" an und arbeiten Sie die Hinweise auf Digitalisierung bzw. digitale Medien heraus. Versuchen Sie diese Begriffsverständnisse den angesprochenen Akteuren im Weiterbildungssystem zuzuordnen.
2. Welche Vorteile und welche Nachteile hat aus Ihrer Sicht die geringe politische Regulation und Steuerung auf die Digitalisierung des Weiterbildungssystems? Schreiben Sie eine Pro- und Contra-Liste.
3. Erstellen Sie eine Liste mit praktischen Herausforderungen, die Ihnen begegnen, wenn Sie aus Sicht einer kommunalen Weiterbildungseinrichtung überregionale digitale Angebote machen.

Tipps zum Weiterlesen

BMAS – Bundesministerium für Arbeit und Soziales & BMBF – Bundesministerium für Bildung und Forschung. (2019). *Wissen teilen, Zukunft gestalten, Zusammen wachsen. Nationale Weiterbildungsstrategie.* Berlin: Bundesministerium für Arbeit und Soziales. → https://www.bmas.de/SharedDocs/Downloads/DE/Aus-Weiterbildung/nws-fortfuehrung-und-weiterentwicklung.pdf?__blob=publicationFile&v=1
In der Nationalen Weiterbildungsstrategie werden die Ziele für die Entwicklung der Weiterbildungspolitik formuliert. Es werden auch Aspekte im Zusammenhang mit der digitalen Transformation in der Arbeitswelt vorgestellt.

Langer, R. & Brüsemeister, T. (Hrsg.) (2019). *Handbuch Educational Governance Theorien.* Wiesbaden: Springer.
Der Sammelband gibt einen Überblick über Theoriebezüge und Ansätze im Zusammenhang mit Educational Governance.

6

Weiterbildungsanbieter und -angebote in einer digitalisierten Welt

In diesem Kapitel wird erläutert, wie sich die Digitalisierung angesichts einer dynamischen Marktsituation in der Erwachsenen- und Weiterbildung auf das Verhältnis von Anbietern und ihrer institutionellen Umwelt auswirkt. Hierbei zeigen sich die Auswirkungen nicht nur im Bereich der Angebotsstrukturen. Vielmehr lassen sich zusätzliche Anforderungen der Digitalisierung im Bereich der digitalen Infrastrukturen identifizieren. Sie bilden die Voraussetzung für gelingende Bildungs- und Lernprozesse sowie die Basis für Kooperationen. So werden die Digitalisierungsstrategien von Weiterbildungsanbietern und verschiedene Varianten von Organisationsentwicklungsprozessen dargestellt.

Lernziele

- Den Zustand der Weiterbildungslandschaft in Bezug auf Medieneinsatz differenziert nach unterschiedlichen Segmenten beschreiben und beurteilen können
- Anbieterstruktur in der Erwachsenen- und Weiterbildung kennenlernen
- Auswirkungen der Digitalisierung auf Angebotsstrukturen erklären können
- Beispiele gelungener Organisationsentwicklungsprozesse in der Digitalisierung benennen und einordnen können

Für Frau K. ist klar, dass sich nicht nur der Anbieter, bei dem sie arbeitet, mit dem Thema Digitalisierung beschäftigt, sondern sich weite Teile der Weiterbildungslandschaft um eine Digitalisierung ihrer Organisationsstrukturen bemühen. An dieser Stelle sucht Frau K. die Kooperation mit anderen Bildungsanbietern, um so Strategien für den eigenen Anbieter zu entwickeln. Sie erhofft sich, Impulse für zusätzliche Angebote zum Thema Digitalisierung zu bekommen und gemeinsam diskutieren zu können, wie weit sich die eigene Organisation anpassen muss, um in einer digitalisierten Welt am Markt bestehen zu können.

6.1 Weiterbildungsanbieter in der digitalen Transformation

Vielfalt der Weiterbildungsanbieter

Das Feld der Erwachsenen- und Weiterbildung in Deutschland zeichnet sich durch die große Heterogenität der Weiterbildungsanbieter, also derjenigen Organisationen, die Lehrangebote für Erwachsene entwickeln, planen und umsetzen, aus. Gemessen an der Anzahl der Einrichtungen, der Teilnehmenden sowie der Lehrenden ist die Erwachsenen- und Weiterbildung der größte Bildungsbereich. Entsprechend groß ist die Spannweite des erreichten Grades der Digitalisierung. Daher ist es sowohl politisch als auch – wie das Beispiel von Frau K. zeigt – für die praktische Planung von großer Bedeutung, dass die Forschung zur Erwachsenen- und Weiterbildung systematische Informationen über die Digitalisierungsbemühungen in der vielfältigen Weiterbildungslandschaft zur Verfügung stellt.

Um die Einrichtungen, die in diesem Feld tätig sind, zu beschreiben, werden verschiedene Begriffe verwendet: „Weiterbildungsanbieter", „Weiterbildungsorganisation" und „Weiterbildungseinrichtung". Diese Begriffe werden jedoch uneinheitlich, aber zuweilen auch synonym verwendet.

Definition

Weiterbildungsanbieter

Der Begriff „Weiterbildungs*anbieter*" zielt darauf, die sich wandelnden Gelegenheitsstrukturen des Lernens Erwachsener in Form von Programmen und Angeboten in den Blick zu nehmen (Schrader & Martin, 2021).

Weiterbildungsorganisation

Der Begriff „Weiterbildungs*organisation*" zielt darauf zu beschreiben, wie Arbeits- und Planungsprozesse von pädagogischem und Verwaltungspersonal angesichts sich wandelnder Umwelten auf Dauer gestellt und gesteuert – sprich: organisiert – werden (Kuper & Thiel, 2018; 2001).

Weiterbildungseinrichtung

Der Begriff „Weiterbildungs*einrichtung*" ist ein eher an der Praxis orientierter, aber nicht wissenschaftlich definierter Begriff.

Im Folgenden werden wir den Begriff „Weiterbildungsanbieter“ verwenden.

Die Gesamtheit der Weiterbildungsanbieter lässt sich nach folgenden Aspekten systematisieren:

Ein Systematisierungsvorschlag der Weiterbildungslandschaft

- ob Weiterbildung als primäres Organisationsziel oder als „beigeordnete Bildung“ quasi als „Beiprodukt“, betrieben wird (Giesecke & Heuer, 2011),
- zu welchem Grad der Anbieter dabei durch öffentliche oder private Mittel unterstützt wird,
- wie er sich inhaltlich verortet, z. B. eher in der beruflich-betrieblichen Weiterbildung oder in der allgemeinen, politischen und kulturellen Erwachsenenbildung,
- welche Zielgruppen er mit offenem oder geschlossenem Angebot anspricht und
- in welcher politischen Zuständigkeit er agiert, z. B. in Verbindung mit ministeriellen Bildungs-, Arbeits-, Wirtschafts- oder Integrationsressorts auf Bundes- oder Landesebene.

Diese Übersicht verdeutlicht, dass es viele unterschiedliche Weiterbildungsanbieter gibt, die mit ganz verschiedenen Rahmenbedingungen bspw. hinsichtlich der Geschäftsmodelle oder inhaltlicher Schwerpunkte Bildungsangebote realisieren. Vor dem Hintergrund dieser Heterogenität wird auch klar, dass die Anbieter in Bezug auf Herausforderungen und Strategien der Digitalisierung unterschiedliche Wege gehen.

Beispiel

Privatwirtschaftliche Anbieter von Führungskräftetrainings verfügen im Vergleich zu öffentlich geförderten Einrichtungen in der Regel nicht nur über größere finanzielle Mittel, mit denen sie digitale Infrastruktur anschaffen und unterhalten, sondern können aufgrund dieser Ausstattung auch Zielgruppen mit Methoden und Inhalten bedienen, die Anbieter mit geringeren finanziellen Ressourcen nicht adressieren können. Ein Beispiel hierfür bilden Angebote, die für Einzelpersonen konzipiert und zeitlich flexibel zugeschnitten werden, um sich als Führungskraft auf einen Auslandsaufenthalt in einem asiatischen Land vorzubereiten. Dies kann neben entsprechenden Lehrenden, die ggf. kurzfristig ein solches Angebot konzipieren, vorbereiten und durchführen, auch die Einarbeitung und Nutzung von speziellen digitalen Lerntools beinhalten, die im beruflichen Alltag der Führungskraft von Bedeutung sind oder es noch sein werden.

Die Bedingungen der Anbieter und daraus folgend deren unterschiedliche pädagogische Logiken beschreibt das Modell der „Reproduktionskontexte“ der Weiterbildung.

Exkurs Forschung

Reproduktionskontexte der Weiterbildung

Schrader (2010) unterscheidet vier Segmente der Weiterbildung: Gemeinschaft, Staat, Markt und Unternehmen. Er setzt diese in Beziehung dazu, wie Anbieter angesichts der unterschiedlichen Aufträge sowie unterschiedlichen gesetzlichen und marktlichen Bedingungen im jeweiligen Segment Programme und Angebote planen und umsetzen sowie letztlich ihren eigenen Fortbestand sichern. Das Modell visualisiert die empirisch gesicherte Erkenntnis, dass externe Faktoren, wie die gesetzlichen Grundlagen, die Trägerstruktur und die Konkurrenzbeziehungen zu anderen Weiterbildungsanbietern, das Angebot und die innere pädagogisch-organisationale Logik prägen.

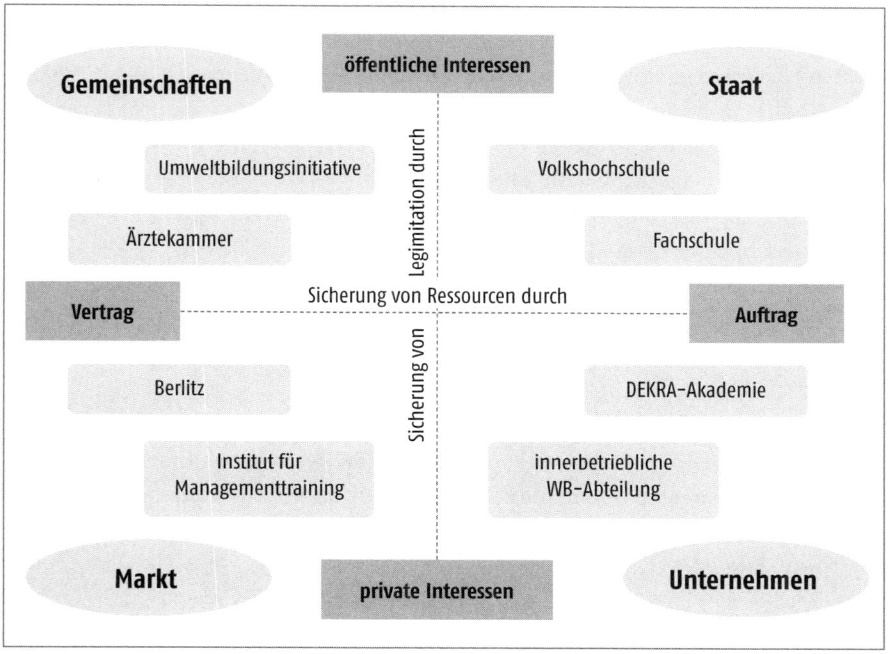

Abbildung 7: Reproduktionskontexte der Weiterbildung (Schrader, 2018)

Mithilfe dieses Modells lassen sich auch die Digitalisierungsbestrebungen der verschiedenen Anbieter erfassen und strukturieren. Letztlich ist es unabdingbar, diese organisationalen Logiken von Weiterbildungsanbietern sowie deren Reproduktionskontexte zu kennen, zu verstehen und beschreiben zu können, wenn man die Digitalisierung der Anbieter gestalten, Angebotsstrukturen entwickeln und Organisationsentwicklung betreiben will (konkrete Beispiele dazu → Kapitel 6.2).

Das Reproduktionskontextemodell beschreibt auch die Bedingungen der Digitalisierung, der Weiterbildungsorganisationen unterliegen.

Definition

Organisationsentwicklung

Der Begriff „Organisationsentwicklung" beschreibt den „kontinuierlichen Prozess der Adaption an sich ständig verändernde Bedingungen im Inneren sowie in der Umwelt der Organisation" (Kuper & Thiel, 2018, S. 600).

Weiterbildungsanbieter und ihre Umwelt

Der Neo-Institutionalismus betont die Wechselwirkung von Organisationen und ihrer Umwelt.

Um die Frage zu erforschen, wie Weiterbildungsanbieter sich an eine sich stetig wandelnde Umwelt anpassen und sich dabei zielgerichtet entwickeln können, können die theoretischen Grundlagen des Modells der Reproduktionskontexte herangezogen werden. Dieses lehnt sich an den Neo-Institutionalismus an. Aus dieser Perspektive geraten alle Prozesse von Anbietern in den Blick, bei denen die Erwartungen der Umwelt zur Organisationsentwicklung führen. Diese Anpassungsprozesse basieren auf:

- neuen gesetzlichen Vorgaben, die eingehalten werden müssen (bspw. durch die Einführung neuer Datenschutzbestimmungen),
- der Übernahme von Veränderungen anderer Akteure (Einkauf einer bei anderen Anbietern eingesetzten Datenbank) oder
- wertebasierten Erwartungen der Umwelt, die umgesetzt werden sollten, um negative Konsequenzen zu vermeiden (marktübliche Mindeststandards zum Umgang mit personenbezogenen Daten) (Kuper & Thiel, 2018).

Digitalisierung als Rationalisierungsmythos

Mit dieser theoretischen Sicht lässt sich erklären, warum Weiterbildungsanbieter nicht nur streng rationalen Strategien – bspw. bei der Auswahl bestimmter Angebote oder bei der Ansprache bestimmter Zielgruppen –, verfolgen, sondern auch Trends aus der Umwelt aufgreifen, die augenscheinlich nicht zum eigenen Profil passen.

Auch im Bereich der Digitalisierung sind solche Impulse aus der Umwelt zu identifizieren, die dafür sorgen, dass selbst Organisationen, deren Arbeit aufgrund hinreichend effizienter Abläufe nicht zwangsläufig digitalisiert werden müsste, trotzdem mit der Digitalisierung ihrer Arbeitsroutinen beginnen. Dies betrifft bspw. die Aufnahme von Werbemaßnahmen über zusätzliche Social-Media-Kanäle, obwohl die Bewerbung von Angeboten über einen Newsletter bereits zu guten Ergebnissen führt.

Im Zuge der digitalen Transformation ist zudem mit einem Anstieg der Zahl von Rationalisierungsmythen zu rechnen. Dies beschreibt den Umstand, dass sich die Anbieter gegenüber ihrer Umwelt deutlich digitalisierungsaffiner präsentieren als sie tatsächlich sind. Dies zeigt sich bspw. in der Einrichtung von sogenannten Digitalisierungsbeauftragten, die zwar gute Ideen haben, aber gleichzeitig in den Einrichtungen keine tiefgreifenden Veränderungen bewirken können, da das Thema dort nicht als wirklich wichtig angesehen wird.

6.2 Angebotsveränderungen in der Erwachsenen- und Weiterbildung

Zum Status quo der Digitalisierung der deutschen Weiterbildungslandschaft gab es – mit Blick auf die Organisationsentwicklung – seit 2017 mehrere Erhebungen, die alle zu einem ähnlichen Befund kommen: Trotz der zahlreicher Einzelbemühungen bleibt die Digitalisierung weiterhin eine Herausforderung für die Weiterbildungslandschaft (z. B. Schmid et al., 2018; Scharnberg et al, 2017; Christ et al., 2020; Autorengruppe Bildungsberichterstattung, 2020; Seyda, 2021).

Einsatz digitaler Medien im Lehr-Lern-Geschehen

Gleichwohl lässt sich über alle Reproduktionskontexte der Erwachsenen- und Weiterbildung hinweg festhalten, dass weite Teile der Weiterbildungsanbieter digitale Medien im Lehr-Lern-Geschehen einsetzen, dies jedoch sehr unterschiedlich.

Ende des Jahres 2019 nutzten laut wbmonitor 80 Prozent der befragten Weiterbildungsanbieter digitale Medien zur Unterstützung von Präsenzformaten, 36 Prozent setzten digitale Medien im Rahmen der Kombination von Präsenz- und Online-Lehre und 21 Prozent für arbeitsintegriertes Lernen ein. 18 Prozent der befragten Anbieter realisierten auch „reines" E-Learning.

Dieser Zuschnitt des Angebots wurde zum damaligen Zeitpunkt auch in der technischen Ausstattung der Anbieter und an den eingesetzten Medien deutlich. So ist das am häufigsten vorhandene technische Equipment digitaler Weiterbildung in Deutschland der Beamer. Gleichzeitig besteht der größte Bedarf an digitalen Whiteboards. Beides sind technische Ausstattungen, deren Einsatz an Präsenzformate gebunden ist.

Darüber hinaus verfügten zum Zeitpunkt der Befragung lediglich 45 Prozent der Anbieter über eine Lernplattform als technische Möglichkeit, um ortsunabhängig zu agieren. In Bezug auf weitere technische Ausstattungsmerkmale verfügten 97 Prozent der befragten Anbieter über WLAN in ihren Unterrichtsräumen, wenn auch in unterschiedlicher Qualität und nicht immer in allen Räumen. Dabei geben 17 Prozent an, die Internetversorgung sei nicht ausreichend (Christ et al., 2020). Mit der Corona-Pandemie planen Einrichtungen aller Reproduktionskontexte einen weiteren Ausbau von Online-Formaten (Christ et al., 2021).

Differenzen zwischen den unterschiedlichen Weiterbildungssegmenten

Dabei lässt sich ein differenziertes Bild zwischen den vier Segmenten der Erwachsenen- und Weiterbildung zeichnen. So zeigen *staatliche* Weiterbildungsanbieter den größten Bedarf an digitalen Endgeräten für Lehrende und Lernende, während die *kommerziellen* Anbieter den geringsten Bedarf aufweisen. Exemplarisch für staatliche Anbieter stehen Volkshochschulen sowie konfessionelle wie gewerkschaftliche Anbieter mit ihrem offenen Angebot, das sie im öffentlichen Auftrag für eine breite Zielgruppe realisieren. Staatliche Weiterbildungsanbieter weisen insgesamt einen deutlich geringeren Einsatz digitaler Medien auf als die anderen Segmente (Autorengruppe Bildungsberichterstattung, 2020). Als Begründung verweist diese Anbietergruppe in einer Studie in Nordrhein-Westfalen insbesondere auf den öffentlichen

Bildungsauftrag und ihre angestammten, vermeintlich wenig digital affinen Zielgruppen, wie dies in einer früheren Studie belegt werden konnte (Scharnberg et al., 2017).

Weiterbildungsanbieter im Segment *Gemeinschaften* verfolgen einen Bildungsauftrag, der auf Interessenvertretung beruht – so etwa Umwelt- oder Frauenbildungsinitiativen oder Kammern und Berufsverbände. Die in diesem Segment aktiven Einrichtungen sind in ihrer Finanzierung und Organisationsform an Formen von Verbands-, Genossenschafts- oder Vereins-Mitgliedschaft gebunden. In Bezug auf Digitalisierung bewegen sich die Anbieter dieses Segments im Vergleich zu den Anbietern aus anderen Reproduktionskontexten im Durchschnitt; bei den Kammern spielt arbeitsintegriertes Lernen mittels digitaler Medien eine quantitativ überdurchschnittlich große Rolle (Christ et al., 2020).

Der Reproduktionskontext *Unternehmen* basiert darauf, dass privatwirtschaftlich Aufträge vergeben werden. Klassisch sind hier die innerbetrieblichen Weiterbildungsabteilungen. Darüber hinaus agieren hier unternehmensnahe Weiterbildungsanbieter, wie die DEKRA- oder Audi-Akademie, die mit betriebsbezogenen Weiterbildungsangeboten auch breitere Adressatenkreise ansprechen. Den betrieblichen Weiterbildungsanbietern wird generell – auch aufgrund ihrer Finanzstärke – eine Digitalisierungsquote ähnlich den Anbietern im Segment Gemeinschaften attestiert. Diese betriebliche Anbietergruppe sticht in den Erhebungen vor allem durch eine hohe E-Learning-Quote und einen starken Einsatz von digitalen Medien im arbeitsplatznahen Lernen heraus (Christ et al., 2020).

Hohe Raten an E-Learning bei kommerziellen Anbietern

Im Reproduktionskontext *Markt* sind kommerzielle Weiterbildungsanbieter aktiv, etwa Anbieter, die Umschulungs- oder Fortbildungsmaßnahmen durchführen, sowie private Trainingsinstitute für Fach- und Führungskräfte, ebenso private Anbieter in den Bereichen Sprachen oder EDV. In Bezug auf Digitalisierung zeigen diese kommerziellen Weiterbildungsanbieter im Vergleich zu jenen in den anderen Segmenten eine hohe Rate an Formaten, die vollständig online durchgeführt werden und entsprechend auch die dafür vorausgesetzte höchste Zufriedenheit mit ihrer technischen Ausstattung. Hervorzuheben ist auch der hohe Anteil an persönlichen Online-Beratungsangeboten als zusätzliche Dienstleistung (Christ et al., 2020).

Rückfragen an die Forschung

Google, LinkedIn & Co

Mit der Digitalisierung treten amerikanische Tech-Konzerne, wie LinkedIn oder Google, zunehmend als Weiterbildungsanbieter auf und drängen auch in den deutschen Markt. Bisher liegen aber noch keine systematischen Erkenntnisse über Bedeutung, Struktur, Inhalte und Teilnehmende dieser Anbieter vor (Grotlüschen, 2018).

Neben staatlichen, gemeinschaftlichen, betrieblichen und marktlichen existieren auch *hybride* Weiterbildungsanbieter, wie etwa die wissenschaftliche Weiterbildung

an Akademien und (Fach-)Hochschulen. Diese bauen auf öffentlichen Strukturen der Hochschulgesetze auf, agieren aber gleichzeitig eigenwirtschaftlich. Die wissenschaftliche Weiterbildung weist eine sehr hohe Digitalisierungsquote auf (Christ et al., 2020). Dies ist vermutlich zum einen auf die Nähe zu Hochschulen sowie deren digitale Infrastrukturen zurückzuführen. Zum anderen spricht die wissenschaftliche Weiterbildung eine Zielgruppe an, der in hohem Maße eine gute Ausstattung mit digitalen Endgeräten sowie digitale Kompetenzen zugesprochen wird.
Im Kontext der digitalen Transformation führen die Weiterbildungsanbieter unterschiedliche Maßnahmen zur Weiterentwicklung ihres Angebots durch. Diese Veränderungen werden unter träger- oder verbandsinternen Prämissen angestoßen, wie Bildung und Lernen Erwachsener in einer Weiterbildungseinrichtung bisher ermöglicht wurden und zukünftig erfolgen sollen.

In der deutschen Weiterbildungslandschaft existieren einige gelungene strategische Digitalisierungsprojekte von Anbietern und Verbänden. Sie lassen Wege und Möglichkeiten zur Weiterentwicklung des eigenen Programms in der digitalen Transformation deutlich werden.

Beispiel

Die Katholische Erwachsenenbildung Deutschland – Bundesarbeitsgemeinschaft e. V. (KEB) erkannte die Notwendigkeit, sich mit der Frage zu beschäftigen, welche Aspekte von Digitalisierung für die eigenen Mitgliedsorganisationen wichtig sind und wie die damit verbundenen Veränderungen durchgeführt werden können. Aus diesem Anlass wurde die Kommission Digitalisierung etabliert, die sich in Arbeitsgruppen mit verschiedenen Aspekten, wie Netzwerken und Plattformen, Ethik oder Bildungspolitik und -finanzierung, beschäftigt (KEB Deutschland, 2021).

Die *Hamburg Open Online University* gilt als ein weiteres prominentes Beispiel dafür, wie die eigene Angebotsstruktur weiterentwickelt werden kann, indem Verbünde zwischen Anbietern hergestellt wurden, die auf die Schaffung neuer digitaler Angebote ausgerichtet war. Ihr Ziel ist es, der breiten Bevölkerung hochwertige akademische Inhalte zur Verfügung zu stellen und akademische Bildung zugänglich zu machen.

Die Strategieentwicklung des *Deutschen Volkshochschul-Verbands* wurde in → Kapitel 4 bereits nachgezeichnet. Aktuelle Anpassungen im Angebotsspektrum vollzogen Volkshochschulen pandemiebedingt im Zeitraum 2019 bis 2022. Dabei fand ein Wechsel der Angebotsstruktur statt, indem vermehrt Online-Veranstaltungen in den Programmen auftauchten (Scheidig, 2022). Auch was die Themen der Angebote angeht, lassen sich Veränderungen feststellen. In der individuellen beruflichen Weiterbildung zeigt sich die Relevanz von digitalisierungsbezogenen Themen u. a. daran, dass der Themenschwerpunkt Informationstechnik eine zentrale Rolle im Programm einnimmt. Im Vergleich zu 2007 zeichnet sich 2017 die Entwicklung einer zunehmenden inhaltlichen Ausdifferenzierung der Angebote ab, sodass bspw. weniger allgemeine Schlüsselqualifikationen im Mittelpunkt des Programms stehen, sondern eher spezifische berufsbezogene Angebote (Fleige et al., 2022).

6.3 Zusammenfassung

Frau K. kann sich bei Weiterbildungsanbietern des gleichen Reproduktionskontexts informieren, wie diese die Digitalisierung ihrer Einrichtung gestalten. Vielleicht gibt es sogar einen Verband, der die Mitgliedseinrichtungen unterstützt. Im Verband wird Frau K. Anbieter vorfinden, die tendenziell in ähnlicher Weise auf das Thema Digitalisierung blicken und unter ähnlichen Digitalisierungsbedingungen agieren. Ebenso kann sie sich aber auch bei Anbietern, die anders funktionieren, und in anderen Reproduktionskontexten umschauen. Sie kann sich dort von den anders gearteten Digitalisierungsaktivitäten inspirieren lassen, Kooperation suchen und gemeinsame digitale Angebote entwickeln.

Für Frau K. ergeben sich vor diesem Hintergrund verschiedene Optionen, ihren eigenen Anbieter auf dem Markt noch besser zu positionieren. Hierfür kann sie sich Projekte anderer Anbieter daraufhin anschauen, wie gut sie sich in der eigenen Organisation verwirklichen lassen. Zudem besteht die Möglichkeit, Digitalisierung verstärkt für das Marketing der Einrichtung zu nutzen und einen Schwerpunkt des Angebots darauf auszurichten, ganz besonders weil die bisherigen Geldgeber zunehmend mehr Angebote in diesem Bereich erwarten.

Fragen & Aufgaben

1. Begründen Sie, in welchem Reproduktionskontext Anbieter wie LinkedIn, Google und Co. zu verorten sind.
2. Verfassen Sie ein Essay dazu, welche Rationalisierungsmythen der (Digitalisierung in der) Erwachsenen- und Weiterbildung Ihnen schon begegnet sind.
3. Recherchieren Sie Weiterbildungsanbieter aus den Bereichen Staat, Markt, Gemeinschaft und Unternehmen in Ihrer Region. Welche Bezüge stellen diese in ihren Leitbildern und Programmen zum Thema Digitalisierung her?

Tipps zum Weiterlesen

Autorengruppe Bildungsberichterstattung. (2020). *Bildung in Deutschland 2020.* Bielefeld: wbv Publikation.
Der Nationale Bildungsbericht nimmt auf Basis umfassender Daten alle zwei Jahre das Bildungssystem der Bundesrepublik Deutschland in den Blick. Teil des Berichts ist auch ein Schwerpunktthema. Im Jahr 2020 war dies die Digitalisierung im Bildungssystem.

Christ, J., Koscheck, S., Martin, A., Ohly, H. & Widany, S. (2021). *Auswirkungen der Coronapandemie auf Weiterbildungsanbieter. Ergebnisse der wbmonitor Umfrage 2020.* Bonn: Bundesinstitut für Berufsbildung.
Der wbmonitor ist die größter Anbieteruntersuchung in Deutschland. Neben dem alljährlichen Einblick in den Weiterbildungsmarkt und die wirtschaftliche Stimmung der Anbieter behandelt er auch jährlich wechselnde Themen.

Scheidig, F. (2022). Angebote politischer Erwachsenenbildung vor und nach dem „Corona-Schock". *Zeitschrift für Weiterbildungsforschung, 45,* 321–345. https://doi.org/10.1007/s40955-022-00220-y
Der Beitrag knüpft an die Diskussion um einen Digitalisierungsschub während und nach der Corona-Pandemie an und fokussiert Verschiebungen im Verhältnis von Präsenz- und Online-Veranstaltungen im Bereich der politischen Erwachsenenbildung auf Basis einer Analyse der Programme von 30 Volkshochschulen.

7

Erwachsenenpädagogisches Handeln auf der Ebene von Programmen und Organisationen

Das Kapitel beschreibt die organisatorischen und programmplanerischen Rahmenbedingungen des Lehrens und Lernens Erwachsener mit und über digitale Medien. Aus einer organisationstheoretischen Perspektive wird auf Management- und Verwaltungsprozesse geschaut, die dem Gewinnen und Binden sowohl von Teilnehmenden als auch von Lehrkräften und nicht zuletzt der Qualitätssicherung dienen.

Lernziele

- Weiterbildungsorganisationen als Rahmenbedingung von digitalen Lehr-Lern-Arrangements reflektieren können
- Funktionen des Managements von Weiterbildungseinrichtungen in Bezug auf die Digitalisierung kennenlernen
- Mediendidaktische Aspekte der Programm- und Angebotsplanung beschreiben können
- Anforderungen an Personal in Weiterbildungseinrichtungen kennenlernen

„Es ist gut, dass Sie da sind!“, hört Frau K., als sie mit dem Fachbereichsleiter für berufliche Weiterbildung spricht. „Das Thema Digitalisierung ist so wichtig, dass es jemand an herausgehobener Stelle in die Hand nehmen muss. Als das Thema Digitalisierung in den Kinderschuhen steckte, habe ich mich neben der Fachbereichsleitung darum gekümmert. Ich habe die Hälfte meiner Arbeitszeit damit verbracht, Computerräume auszustatten und Software-Updates durchzuführen. Irgendwann kam dann der externe IT-Service, der das übernommen hat. Die Anforderung der Lernenden und der Geldgeber ist einfach da. Damit die Qualität der digitalen Angebote stimmt, müssen einige Kolleginnen und Kollegen aber auch noch ein bisschen was nachholen in Sachen Digitalisierung. Mit digitalen Kompetenzen bei der Planung ist es nicht überall gut bestellt.“ Er zeigt vielsagend in Richtung des Büros des Vorstands.

7.1 Organisationen der Weiterbildung

Digitale, analoge oder hybride Lehr-Lern-Interaktionen stützen sich in der Erwachsenen- und Weiterbildung auf Rahmenbedingungen, die Weiterbildungsorganisationen in hohem Maße regulieren. Mit dem Begriff „Weiterbildungsorganisation“ wird benannt, dass Weiterbildungsanbieter mittels Planungs-, Verwaltungs- und Managementprozesse dauerhaft gewährleisten, dass (digitale) Angebote und ganze Programme in Einrichtungen der Erwachsenen- und Weiterbildung (weiter-)entwickelt, geplant, beworben, durchgeführt und bezahlt werden. Organisationen bilden, kurz gesagt, den organisatorischen Rahmen für die Durchführung von Weiterbildung.

Weiterbildungsorganisationen stellen die Rahmenbedingen für Angebots- und Programmplanungsprozesse auf Dauer.

Merksatz

Die Begriffe „Weiterbildungsanbieter“ und „Weiterbildungsangebot“ richten den Fokus darauf, welche Lerninhalte zu einem bestimmten Zeitpunkt in welcher Weise für welche Adressatengruppen strukturiert angeboten werden. Der Begriff „Weiterbildungsorganisation“ richtet den Fokus darauf, wie Prozesse der Durchführung, Entwicklung und Finanzierung pädagogischer Lehr- oder Beratungsleistungen in einer sich verändernden Umwelt auf Dauer gestellt und gesteuert werden.

Weiterbildungsorganisationen werden als entscheidend für das Gelingen von Lehr-Lern-Prozessen erachtet. Lernende mit einem Weiterbildungsanliegen wenden sich in der Regel nicht an Lehrende, sondern an Weiterbildungsorganisationen. Auch die Politik wendet sich mit ihren Reformvorhaben nicht an Lehrende oder Lernende. Sie wendet sich mit ihren Förderrichtlinien an juristische Personen – nämlich Weiterbildungsorganisationen. Vor diesem Hintergrund sind Organisationen in dieser Perspektive der zentrale Ansatzpunkt für die Digitalisierung sowie jede andere Art politischer Reform der Weiterbildungslandschaft (Bernhard-Skala, 2019; Dollhausen, 2014).

Kuper & Thiel (2016) unterscheiden drei Perspektiven auf Bildungsorganisationen:

- das Verhältnis von Organisation und Umwelt,
- das Verhältnis von Organisation und Individuum,
- die Binnenstruktur der Organisation.

Schaut man sich das *Verhältnis von Organisation und Umwelt* an, so liegt dem die Frage zugrunde, wie sich interne Organisationsstrukturen in Abhängigkeit von der Organisationsumwelt verändern oder ob sie konstant bleiben. Die Organisations*umwelt* umfasst die folgenden Aspekte:

- gesamtgesellschaftliche Entwicklungen,
- Geldgeber,
- Politik sowie
- konkurrierende oder kooperierende Akteure, vor allem aber die Adressatinnen und Adressaten von Weiterbildungsangeboten.

Organisationsumwelt ermöglicht und verhindert Digitalisierung von Weiterbildungsorganisationen.

Die Digitalisierung kann als eine Anforderung aus der Organisationsumwelt verstanden werden. Sie wurde in weiten Teilen der öffentlich geförderten Weiterbildung nicht strategisch und aus sich selbst heraus, sondern als Herausforderung aufgegriffen, die sich gesamtgesellschaftlich stellte. Konkret waren es die Lernenden und die Politik, die diese Anforderung formulierten. Und letztlich war es auch eine Ableitung aus der Corona-Pandemie.

Gleichzeitig wird die Digitalisierung durch gesetzliche Reglungen in der Organisationsumwelt auch verhindert. So war es etwa im Bereich der Sprachkurse für Geflüchtete bis zur Corona-Pandemie nicht zulässig, Lernformen außerhalb von Präsenzkursen anzubieten. Ähnliches gilt auch für die Weiterbildung von Arbeitslosen oder von Arbeitslosigkeit gefährdeten Personen, für die über lange Zeit ein maximaler Anteil digitaler Formate galt.

Die Perspektive auf das *Verhältnis von Organisation und Individuum* adressiert die Frage, unter welchen Bedingungen und mit welchen Mitteln Mitarbeiterinnen und Mitarbeiter die Zwecke und Ziele einer Organisation als die eigenen wahrnehmen und als solche umsetzen. Gerade beim Thema Digitalisierung der Weiterbildung ist diese Perspektive wichtig. So unterstützen in der Regel nicht alle Mitarbeitenden einer Weiterbildungsorganisation in gleichem Maße die diesbezüglichen Visionen und Strategien der Leitungsebene, sondern agieren im Rahmen der Organisationsstruktur auch nach eigenen Interessenslagen. Die Frage, wie Mitarbeitende in Digitalisierungsprozessen mitgenommen und eingebunden werden müssen, kann z. B. mit Motivationstheorien beleuchtet werden.

Motivationstheoretisch könnten z. B. Lehrende durch monetäre Anreize wie einen höheren Stundensatz dazu gebracht werden, digitale Medien in ihren Veranstaltungen einzubringen. Ebenso könnte in Stellenausschreibung darauf geachtet werden, dass neu einzustellende Mitarbeitende ein großes Interesse an digitalen Medien und deren Einsatz in Bildungssettings mitbringen.

Die Perspektive auf die *Binnenstruktur der Organisation* adressiert die Frage, wie und mittels welcher Strukturen Weiterbildungsorganisationen möglichst effektiv ihre Ziele erreichen. Eine klassische Organisationsform, die etwa in Volkshochschulen auf ihre Effizienz hin befragt werden kann, sind die bundesweit weitgehend einheitlichen Fachbereiche, die bspw. zunächst den Fachbereich Beruf und Digitales vom Fachbereich Sprachen organisational trennen.

Digitalisierung zentral oder dezentral organisieren

In Bezug auf die Digitalisierung ist die Frage wichtig, unter welchen Bedingungen es effektiver ist, Digitalisierung als Querschnittsaufgabe im Gesamtgefüge einer Weiterbildungsorganisation zu betrachten oder eine Stabsstelle Digitalisierung einzurichten, die weitreichende Kompetenzen und Befugnisse bündelt (z. B. Alke & Uhl, 2021).

Alle drei Perspektiven zielen darauf ab, die internen Strukturen des Managements von Prozessen, Produkten, Abteilungen und Mitarbeitenden zu beschreiben und zu analysieren. Sie geben damit Hinweise, wie Steuerung und Leitung von Weiterbildungsorganisationen erfolgen können. Dies behandelt das folgende Kapitel.

7.2 Management und strategische Planung

Die Digitalisierung hat auf die Binnenstruktur der Organisation und die hier stattfindenden Prozesse und Entscheidungen einen großen Einfluss. So finden auf verschiedenen strategischen wie operativen Ebenen der Organisation Veränderungen statt, die sich insbesondere auf die Arbeitsbedingungen sowie auf die Gestaltung der Lehr-Lern-Prozesse auswirken.

Digitalisierung betrifft alle Managementprozesse im Kontext von Bildungsmaßnahmen.

Eine erwachsenenpädagogische Sicht auf die Managementprozesse in Organisationen setzt stets die Arbeitsbedingungen der Mitarbeitenden und die internen Abläufe in Relation zu den Möglichkeiten, das Lernen Erwachsener gelingen zu lassen (Schäffter, 2003). Die Digitalisierung hat also nicht nur Auswirkungen darauf, was „*innerhalb* eines Kursangebots“ geschieht, „sondern sie umfasst den *gesamten* Bildungsprozess, also auch Elemente, die einer Bildungsmaßnahme vor- und nachgelagert sind: der Kursplanung und -vermarktung, der Beratung, Anmeldung und Verwaltung der Teilnehmenden, der Anerkennung, Evaluation, Prüfung und Zertifizierung von Kompetenzen“ (Kerres & Buntins, 2020, S. 15).

Mit Blick auf die Binnenstruktur der Weiterbildungsorganisation lässt sich Management in folgende Bereiche unterscheiden:

- das Marketing,
- das Finanzmanagement,
- das Qualitätsmanagement,
- die Personalentwicklung und
- die Organisationsentwicklung (Meisel & Sgodda, 2018).

In all diesen klassischen Managementbereichen kann Digitalisierung eine zentrale Rolle spielen. Im Folgenden wird der Frage nachgegangen, wie digitale Medien in all diesen Bereichen, sinnvoll eingeführt, zur Anwendung kommen und bestenfalls effizienzsteigernd wirken können.

Marketing

Entgegen der weit verbreiteten Einschätzung umfasst Marketing im Bereich Erwachsenen- und Weiterbildung nicht nur die aufmerksamkeitsgenerierende Kommunikation, sondern auch die Entwicklung, Bepreisung und Verbreitung von Bildungsdienstleistungen angesichts eines Markts (Reich-Classen und Tippelt, 2010). Denn Weiterbildungsangebote sind „extrem störanfällige soziale Dienstleistungen" (Meisel & Sgodda, 2018, S. 1460), bei denen ein besonderes Augenmerk auf die „Produktnebenleistungen", wie Beratung, Zertifizierung und Kompetenzbilanzierung, gelegt werden sollte. Ebenso werden Bildungsangebote nach außen kommuniziert und beworben, damit Teilnehmende und Weiterbildungsorganisationen zusammenkommen.

Technische Lösungen spielen in verschiedenen Aspekten des Marketings schon lange eine Rolle. Einige davon stellen wir hier zusammen:

- Die Webseite der Weiterbildungsanbieter ist der zentrale Informationskanal, um Programme und Angebote zu bewerben und den Teilnehmenden die Möglichkeit zur Online-Anmeldung und Bezahlung einzuräumen.
- Überregionale und einrichtungsübergreifende Datenbanken können die Angebote einzelner Anbieter zusammentragen.
- Social-Media-Kanäle (z. B. X (ehemals Twitter), TikTok, Facebook, YouTube) werden zur Information und Bindung von Teilnehmenden genutzt.

Digitale Medien bieten zusätzliche Marketinginstrumente.

Neben den Teilnehmenden spielen auch die anderen Akteure der Weiterbildungslandschaft eine Rolle in der Online-Kommunikation. So werden X-Kanäle zur Kommunikation mit und von Expertinnen und Experten untereinander genutzt. Oder selbige dienen dazu, die eigenen Leistungen sichtbar zu machen und bildungspolitische Akteure und/oder mögliche Kooperationspartner oder Kunden (z. B. Betriebe) für bestimmte Themen zu sensibilisieren.

Auch bei den sogenannten Produktnebenleistungen spielen digitale Instrumente und Kanäle eine wichtige Rolle. Zu nennen sind hier die Online-Beratung (→ Kapitel 8) oder auch die Online-Assessments für Einstufungstests (mehr dazu bei Kerres und Buntins, 2020, S. 16). Es rücken aber auch Formen der Anerkennung von Leistung, die unter dem Stichwort „Microcredentials" und „Open Badges" verwendet werden, in den Mittelpunkt. Dies sind Zertifikate oder Lernnachweise, die den Teilnehmenden nach Abschluss eines in der Regel kompakten Online-Kurses digital übertragen werden. Damit können in einem digitalen Lernportfolio bestimmte Kompetenzen nachgewiesen und sichtbar gemacht werden. Solche Zertifikate anzubieten, kann für eine Weiterbildungsorganisation ein sinnvolles Marketinginstrument darstellen.

Linktipp

YouTube-Kanal des DVV

→ https://www.youtube.com/@volkshochschulede/videos

Finanzmanagement

Das Finanzmanagement setzt sich aus der Finanzplanung auf Grundlage des Rechnungswesens und dem Controlling als Finanzsteuerung zusammen (Meisel & Sgodda, 2018). In diesem Zusammenhang kommen auch computergestützte Datenauswertungen zum Einsatz, die möglichst präzise im Sinne eines umfassenden, einrichtungsübergreifenden Informationssystems die Wirtschaftlichkeit der Weiterbildungseinrichtung kontrollieren.

Allerdings kann die Digitalisierung selbst als ein akuter Kostentreiber in Weiterbildungsorganisationen gesehen werden. Anders als im Bereich Schule, bei dem der sogenannte „DigitalPakt Schule" der Bundesregierung die Finanzierung der digitalen Transformation der Schulen über die Länder und Kommunen unterstützt, müssen die Weiterbildungsorganisationen für die Kosten zumeist vielfältige Wege in der Einzelprojektförderung finden (Kohl & Denzl, 2020). Dies ist insbesondere in der Corona-Pandemie deutlich geworden. Digitale Infrastrukturen kosten Geld, dies betrifft sowohl die Hard- und Software für die Verwaltung als auch digitale Lösungen für virtuelle oder hybride Lehrveranstaltungen. Dies spielt eine weitreichende, eher bremsende Rolle bei der Digitalisierung der Weiterbildungseinrichtungen.

Im Rahmen des „DigitalPakt Schule" des BMBF wurden im Jahr 2019 5 Mrd. EUR für die Digitalisierung der Schulen bereitgestellt.

Die Preisgestaltung zur Erhaltung der Wettbewerbsfähigkeit von virtuellen Angeboten ist darüber hinaus gerade im Hinblick auf die vielfältige, oft kostenfreie Konkurrenz im Internet eine Herausforderung. Die Konkurrenzsituation verschärft sich auch mit Blick auf die potenzielle Überregionalität virtueller Angebote insbesondere für Weiterbildungseinrichtungen, die traditionell eher lokal bzw. regional agieren (→ Territorialprinzip, Kapitel 5). In die Preisgestaltung spielt nicht zuletzt auch die veränderte Honorargestaltung für Lehrkräfte digitaler Angebote und der veränderte Arbeitsaufwand hinein (→ Kapitel 5).

Qualitätsmanagement

Weiterbildungsorganisationen unternehmen unterschiedliche Anstrengungen, um die Qualität ihrer Dienstleistungen zu sichern, weiterzuentwickeln und nach außen hin unter Beweis zu stellen. Dazu gibt es etablierte Modelle des Qualitätsmanagements. Im Wesentlichen sind dies das Konzept nach DIN-EN-ISO, das EFQM-Modell und die Lernerorientierte Qualitätstestierung (LQW) (Ambos et al., 2018). Diese Modelle sind vor dem Hintergrund der Digitalisierung jedoch neu zu befragen „nach Strategien der Qualitätsentwicklung und Qualitätssicherung im Bereich mediengestützter Weiterbildung" (Schmidt-Hertha, 2021, S. 26).

Mit „Qualität" ist dabei stets ein Aushandlungsprozess von Erwartungen und Nachfrage der Lernenden und den Merkmalen des Lehrangebots gemeint. Damit ist die Frage der Qualität von virtuellen Angeboten stets unter der Maßgabe pädagogischer Kriterien mit der Vereinbarkeit wirtschaftlicher Kriterien zu stellen. In diesem komplexen Zusammenspiel aus „Lehrenden, Lernenden und organisationalen Strukturen" (ebd., S. 27) entsteht das, was wir unter „Qualität von Weiterbildung" verstehen. Die etablierten Qualitätsmanagementmodelle nehmen im Wesentlichen die organisationalen Strukturen in den Blick, die Lernen in der Weiterbildungsorganisation möglich und wahrscheinlich werden lassen.

Schmidt-Hertha hat exemplarisch das Qualitätsmanagementmodell LQW mit Blick auf bildungstechnologiebezogene Aspekte befragt (Tabelle 3).

Qualitäts(management)modelle sind vor dem Hintergrund der Digitalisierung zu reflektieren.

Tabelle 3
Qualitätsbereiche in LQW und Bildungstechnologie (Schmidt-Hertha, 2021, S. 27)

Qualitätsbereiche	**Bildungstechnologische Aspekte**
1. Leitbild und Definition gelingenden Lernens	gelingendes Lernen auch ohne persönliche Begegnung
2. Bedarfserschließung	Erfassung von Nachfrage nach mediengestützten Lernangeboten; KI-gestützte Identifizierung von Kompetenzbedarfen
3. Schlüsselprozesse	z. B. Digitalisierung von Verwaltungsprozessen
4. Lehr-Lern-Prozesse	Berücksichtigung von Qualitätskriterien für technologiebasierte Lernarrangements
5. Evaluation der Bildungsprozesse	Evaluation des Technologieeinsatzes; Online-Evaluation
6. Infrastruktur	technische Ausstattung
7. Führung	Führung von Mitarbeitenden, die wenig/gar nicht in der Einrichtung anwesend sind
8. Personal	medienpädagogische Mitarbeiterqualifizierung; Aufbau multiprofessioneller Teams
9. Controlling	Kosten-Nutzen-Relation von technologiebasierten Angeboten
10. Kundenkommunikation	Nutzung digitaler Kommunikationskanäle
11. strategische Entwicklungsziele	Ausbau technologiegestützer Angebote

Deutlich wird hier, dass Aspekte der Digitalisierung an verschiedenen Stellen eine Reflexion und Vergewisserung über Ziele und Ausrichtung der pädagogischen Dienstleistung notwendig machen. Damit kann es „keine einheitlichen Qualitätskriterien, sondern nur Prozesse kontinuierlicher Weiterentwicklung" (ebd.) im Sinne einer sinnvollen Implementierung von Bildungstechnologien geben.

Personalentwicklung
Strategische Personalentwicklung ist ein zentrales Instrument für die Funktionsfähigkeit einer jeden Organisation, so auch in der Erwachsenen- und Weiterbildung. Für das Personalmanagement stehen Fragen der Rekrutierung, Personalführung, Fortbildung des Personals, Arbeitsplatzgestaltung und Teamentwicklung im Fokus.

In der Erwachsenen- und Weiterbildung konzentriert man sich bei der Qualifizierung des Personals vor allem auf das hauptamtliche pädagogische Personal und die zumeist auf Honorarbasis agierenden Lehrenden. Zu betrachten ist hier nicht nur die konkrete Weiterbildung von Mitarbeitenden im Zusammenhang mit einer konkreten Technologie, sondern auch eine breite und umfassende Auseinandersetzung mit den Anforderungen, die sich durch die Prozesse der digitalen Transformation ergeben (Schmidt-Hertha et al., 2017; Kerres und Buntins, 2020).

Seit der Corona-Pandemie und den seinerzeit damit einhergehenden Maßnahmen des Social Distancings hat sich die Bedeutung der persönlichen Anwesenheit auch beim Personal verändert. Hieraus leiten sich Fragen der digitalen Führung ab (Kresse & Herzog, 2021).

Die zentrale Aufgabe für die Personalentwicklung ist es und wird es weiterhin sein, die medienpädagogischen Kompetenzen des Personals in der Erwachsenen- und Weiterbildung auszubauen und weiterzuentwickeln. Dies gilt aber auch für das nicht-pädagogische Personal. Denn die digitale Transformation wird das Personal in allen, auch technischen und administrativen Aspekten herausfordern und nicht zuletzt den technischen Support von Anmeldeprozessen, Raumausstattung etc. einschließen.

Medienpädagogische Kompetenzentwicklung ist eine zentrale Aufgabe von Personalentwicklung.

Wegweiser Forschung

Veränderte Stellenprofile in der Erwachsenen- und Weiterbildung

In einer Studie von Alke und Uhl (2021) wurde herausgearbeitet, dass sich die Stellenprofile in der Erwachsenen- und Weiterbildung im Zusammenhang mit der digitalen Transformation deutlich verändern. Sogenannte „digitalisierungsbezogene Aufgaben und Anforderungen" werden zunehmend zu den klassischen Aufgabengebieten von Erwachsenenbildnerinnen und Erwachsenenbildnern addiert oder integriert. Auf der anderen Seite werden neue Profile geschaffen, die sich in projektförmigen, aber durchaus für die Weiterbildungseinrichtungen strategisch-übergreifenden Aufgabenbereichen zeigen.

Hier findet sich auch Frau K. in ihrer Tätigkeit wieder. Sie ist in ihrer Weiterbildungseinrichtung für die strategische Weiterentwicklung verantwortlich, was auch die Entwicklung einer Digitalisierungsstrategie beinhaltet. Diese sich auf Aspekte der Digitalisierung beziehenden Stellenprofile werden häufig als Querschnittsaufgabe umrissen, die an pädagogisches Personal auf der Ebene der Programm- und Fachbereichsleitungen delegiert wird. Die Entwicklung einer umfassenden Digitalisierungsstrategie für die gesamte Weiterbildungseinrichtung als Leitungsaufgabe wird selten umrissen.

So lässt sich zumindest fragen, inwiefern die notwendigen Kompetenzen auf Leitungsebene vorhanden sind, um eine Digitalisierungsstrategie inklusive eines umfassenden, auf digitale Herausforderungen angelegten Personalmanagements voranzutreiben (Bernhard-Skala, 2019, S. 191; Koschorreck & Gundermann, 2021).

Organisationsentwicklung

Implementierung einer Digitalisierungsstrategie als Bestandteil von Organisationsentwicklung

Die Organisationsentwicklung verhält sich querliegend zu den anderen, oben genannten Handlungsfeldern, indem bspw. das Personalmanagement von einer umfassenden strategischen Organisationsentwicklung gerahmt ist. Eine wesentliche Maßnahme der Organisationsentwicklung in Weiterbildungsorganisationen ist die Formulierung und Implementierung einer Digitalisierungsstrategie. Diese mündet in die Weiterentwicklung von Organisationsstruktur und Arbeitskulturen, welche als Gelingensbedingung für eine erfolgreiche Digitalisierung von Einrichtungen der Erwachsenen- und Weiterbildung gesehen werden.

Beispiel

Schaffung neuer Organisationsstrukturen im IT-Support

Eine wesentliche Frage der Organisationsentwicklung mit Blick auf Prozesse der Digitalisierung besteht darin, wie der Support der technischen Infrastruktur gesichert wird. Dazu kann die Weiterbildungseinrichtung sowohl eine eigene Abteilung inklusive eigenem Personal institutionalisieren oder aber an eine externe Stelle delegieren. Eine weitere Möglichkeit besteht darin, dass Dachorganisationen von größeren Weiterbildungseinrichtungen eine zentrale Strategie umsetzen und sowohl die technischen Lösungen als auch den Support für die einzelnen Einrichtungen zur Verfügung stellen. Dies geschieht bspw. bei der vhs.cloud durch den DVV.

Insgesamt besteht in der Strategieentwicklung von Weiterbildungseinrichtungen ein hoher Bedarf (Engels & Egloffstein, 2021; Koschorreck & Gundermann, 2021). Dazu gehört auch die Gestaltung einer digitalisierungsförderlichen Organisationskultur durch alle Organisationsmitglieder. Zentral ist bei dieser Organisationkultur die „Offenheit und Unterstützung durch Leitende“ (Koschorreck & Gundermann, 2021, S. 183). Wie genau diese allerdings auszusehen hat, welche Qualifizierungsmodelle zu empfehlen sind, wie Akzeptanz hergestellt werden kann – dies sind offene Fragen der Forschung.

7.3 Zusammenfassung

Die Organisationsforschung im Bereich der Erwachsenen- und Weiterbildung nimmt vor allem die internen Prozesse von Weiterbildungseinrichtungen in den Blick, die zu Bildungsprodukten und -dienstleistungen wie Kursen oder Beratung führen. Digitalisierung betrifft mit Blick auf die Gestaltung der Organisation verschiedene Ebenen des Managements, wobei es bisher keinen Königsweg der Umsetzung gibt. Eine umfassende Digitalisierungsstrategie braucht vor allem die Offenheit und Unterstützung der Leitungskräfte. Darüber hinaus werden verschiedene Maßnahmen in den Handlungsfeldern Marketing, Finanzmanagement, Qualitätsmanagement und Personalmanagement sowie der umfassenden Organisationsentwicklung benötigt, um sowohl den Herausforderungen zu begegnen als auch Potenziale zu nutzen. Diese Maßnahmen gilt es, individuell für jede Organisation und untereinander abgestimmt zu begründen.

So hat die Organisation von Frau K. beschlossen, eine Stabsstelle für Digitalisierung einzurichten, die nicht nur viele Aufgaben in Sachen Digitalisierung übernimmt, sondern auch beratend für andere Einheiten der Organisation bereitsteht. Dies kann sehr sinnvoll sein, wenn es sich um eine große Organisation handelt, die über viele Einheiten verfügt, und sich die Investition in eine ganze Stelle lohnt. In kleineren Organisationen kann es sinnvoll sein, Teile der Belegschaft in einer entsprechenden Weiterbildung zu Digitalisierung fortzubilden.

Fragen & Aufgaben

1. Recherchieren Sie die Social-Media-Kanäle von zwei Weiterbildungseinrichtungen und schauen Sie die letzten ca. 20 Posts durch. Wie nutzt die Organisation den Kanal für Marketing? Wer wird angesprochen? Gibt es eine zentrale Person, die den Kanal bespielt, eine Abteilung oder unterschiedliche Mitarbeitende?
2. Recherchieren Sie drei Stellenanzeigen aus dem Bereich Erwachsenen- und Weiterbildung. Welche unterschiedlichen Aspekte im Bereich Digitalisierung werden angesprochen? Wie werden diese begründet?
3. Entwickeln Sie für eine ländliche Volkshochschule eine Digitalisierungsstrategie und formulieren Sie die Herausforderungen auf den verschiedenen Ebenen des Managements. Zentrale Anforderungen bestehen darin, dass bisher nur die Hälfte der Räumlichkeiten über eine stabile Internetverbindung verfügt, die Fachbereichsleitungen eher digitalisierungsskeptisch sind und das Durchschnittsalter der Zielgruppen bei 50+ liegt.

Tipps zum Weiterlesen

Kuper, H. & Thiel, F. (2016) Erziehungswissenschaftliche Institutionen- und Organisationsforschung. Perspektiven auf Organisation. In R. Tippelt & B. Schmidt-Hertha (Hrsg.), *Handbuch Bildungsforschung* (S. 1–20). Wiesbaden: Springer. https://doi.org/10.1007/978-3-531-20002-6_24-1

Der Beitrag gibt eine grundlegende Einführung in die Organisationsforschung in der Erziehungswissenschaft vor dem Hintergrund der theoretischen Unterscheidung von Institutionen und Organisationen.

Bernhard-Skala, C. (2019). Organisational perspectives on the digital transformation of adult and continuing education: a literature review from a German-speaking perspective. *Journal of Adult and Continuing Education, 25*(2), 187–197. https://doi.org/10.1177/1477971419850840

Der Artikel beschreibt den Stand der Debatte um Management und Organisation von Weiterbildung in der Digitalisierung und zeigt zentrale Handlungsfelder auf.

8

Erwachsenenpädagogisches Handeln auf der Ebene von Lehre und Beratung

In diesem Kapitel werden der Einsatz und die Nutzung digitaler Lehr-Lern-Medien vor der Folie didaktischer und lerntheoretischer Ansätze in der Erwachsenen- und Weiterbildung diskutiert. Dabei werden Diskurslinien, Grundfragen und insbesondere eine auf die Erwachsenen- und Weiterbildung bezogene Diskussion um Mikrodidaktik in einer digitalisierten Welt sichtbar. In einem eigenen Abschnitt wird Weiterbildungsberatung im Kontext von digitalen Medien reflektiert.

Lernziele

- mediendidaktische Entscheidungen reflektieren können
- Möglichkeiten und Grenzen digitaler Angebote für Lehre und Beratung einschätzen können
- mediendidaktische Ansätze in der Erwachsenen- und Weiterbildung auf Grundlage von lerntheoretischen Ansätzen benennen und reflektieren können

Die Mitarbeitenden der Einrichtung treten an Frau K. heran und bitten um Rat: Sie hätten schon viel von den didaktischen und methodischen Möglichkeiten digitaler Medien gehört, würden aber auch immer wieder von Problemen hören, die sich aus ihrer Nutzung ergeben. Ob Frau K. nicht Tipps für die Gestaltung von Lehr- und Beratungssettings hätte? Angesichts der Vielfalt von Möglichkeiten macht sich Frau K. auf die Suche nach erfolgversprechenden Mitteln und Wegen, Lehre und Beratung in einer digitalisierten Welt zielgruppengerecht umzusetzen.

8.1 Lehre in einer digitalisierten Welt

Die Gestaltung von Lehre und Beratung ist Kernaufgabe der Erwachsenen- und Weiterbildung. Das gilt nicht minder in einer digitalisierten Welt. Geht es um das Lehren und Lernen mit digitalen Medien, so ist dies Gegenstand der Mediendidaktik. Diese beschäftigt sich mit den Möglichkeiten, Wirkungen und Herausforderungen einer durch digitale Medien gestützten und gestalteten Lehre. Der Einsatz und die Nutzung digitaler Medien in der Erwachsenen- und Weiterbildung erfolgt immer unter Rückgriff auf didaktisch-methodische und lerntheoretische Grundlagen. Dabei lassen sich *mikro*didaktische Überlegungen des Medieneinsatzes in der direkten Lehr-Lern-Interaktion von *makro*didaktischen Fragen der Programm- und Angebotsplanung (→ Kapitel 6) unterscheiden (Breitschwerdt et al., 2022, S. 11–13).

Didaktik ist abgeleitet von griechisch *didasko* [διδάσκω], was so viel wie „lehren und belehren" bedeutet.

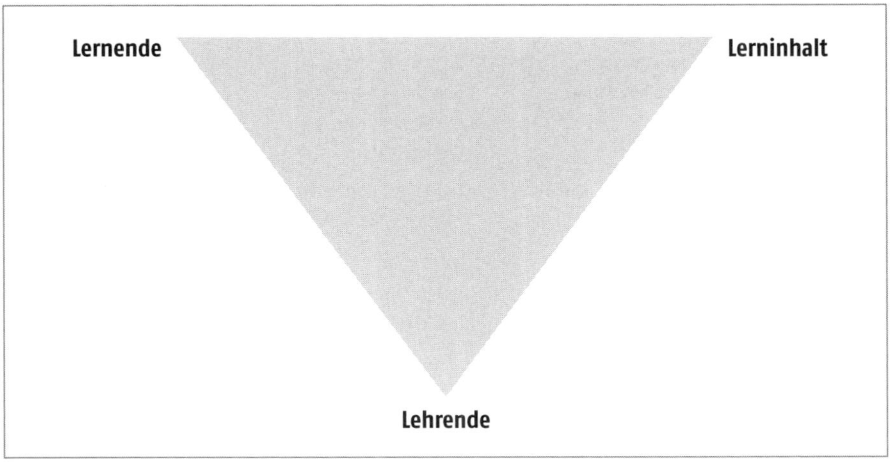

Abbildung 8: Didaktisches Dreieck (eigene Darstellung)

In erwachsenenpädagogischer Perspektive wird „Didaktik" verstanden als „die Reflexion der Entwürfe von Interventionsstrategien. Dabei geht es um die Vermittlung von Lerngegenständen. Diese werden mit Vermittlung durch die Lehrenden in den Bedeutungszusammenhang der Lernenden aufgenommen. Dabei werden Lernsituation und institutionelle, soziale, politische und ökonomische Rahmenbedingungen analysiert und interpretiert. Auf diesen Grundlagen werden [...] angemessene Lernarrangements mit Hilfe von Methoden und Medien konzipiert“ (Faulstich & Zeuner, 2006, S. 51 zit. in Hippel et al., 2018, S. 73).

Lernende bilden den zentralen Bezugspunkt didaktischen Handelns neben den Lehrenden und den Inhalten (Abbildung 8).

Lernen wird je nach Perspektive und disziplinärer Ausrichtung unterschiedlich gedeutet. Für die Erwachsenen- und Weiterbildung geht es darum, „Lernprozesse als Aneignungsprozesse des Subjekts zu begreifen, ggf. auch zu erklären. Daraus ergeben sich zugleich Konsequenzen für eine Lernunterstützung durch z. B. Lehrende. Hier setzen dann Fragen zum didaktischen Handeln an“ (Grotlüschen & Pätzold, 2020, S. 16).

Die Rolle digitaler Medien im Lernen hängt auch von der Perspektive auf Lernen ab.

Tabelle 4

Vergleich klassischer lerntheoretischer Implikationen auf mediendidaktische Designs (Kerres, 2018, S. 126; Reinmann, 2015)

Begriff	**Behaviorismus**	**Kognitivismus**	**Konstruktivismus**
Merkmale	Lernen als Reiz-Reaktions-Verhältnis. Übung zur Verhaltensänderung	Lernen ist ein mentaler Problemlöseprozess zur Verarbeitung von Informationen	Lernen ist eigenaktiv und selbstreferentiell. Aneignung geschieht auf der Grundlage von Anschlussfähigkeit
Implikationen für das didaktische Design	Sequenzierung der Lerneinheiten, Übung	Wissenserschließung und Strukturierung von Inhalten anhand des Wissensstandes	Anwendungskontexte und Authentizität als Grundlage der Vermittlung
Rolle der Lernenden	Konzentration auf den Output als Verhaltensänderung	Empfänger und Verarbeitung von Informationen	aktiv aneignend und reflektierend
Rolle der Lehrenden	Bereitstellen und Kontrolle des Lernfortschritts	Sender, Kontrolle des Lernfortschritts	Bereitstellen von anschlussfähigen Angeboten als Anstoß für Bildungs- und Lernprozesse
primäre Rolle digitaler Medien	Regulierung des Lernprozesses	Wissensdarstellung, Adaptivität im Hinblick auf Lernfortschrittskontrolle	Angebote in anschlussfähigen Anwendungskontexten anbieten

Ansätze zum Verständnis von Lernen liefern Lerntheorien. Die klassischen Lerntheorien gehen davon aus, dass „lernen heiße, sich an die gegebenen gesellschaftlichen Verhältnisse anzupassen“ (ebd.). Dies trifft u. a. auf die Ansätze des Behaviorismus oder Kognitivismus zu. Diese klassischen Ansätze liefern die Grundlage für eine Integration digitaler Medien im Sinne des „Instruktionsdesigns“. Darüber hinaus sind für die Mediendidaktik die lerntheoretischen Implikationen des Konstruktivismus relevant. In Tabelle 4 stellen wir die verschiedenen Ansätze mit ihren jeweiligen Implikationen gegenüber. Je nach Blickwinkel verändern sich die Rolle, die Bedeutung und der konkrete methodische Einsatz digitaler Medien.

Für die Erwachsenen- und Weiterbildung spielt u. a. die subjektwissenschaftliche Lerntheorie eine Rolle, da sie die subjektive Eigensinnigkeit von Entscheidungen für oder auch gegen das Lernen erwachsener Menschen in den Fokus nimmt (Grotlüschen & Pätzold, 2020, S. 27).

Mediendidaktik beschäftigt sich mit dem didaktischen Einsatz von (digitalen) Medien.

Weder auf der Grundlage eines subjektwissenschaftlichen Ansatzes noch mit Blick auf spezifische Kontextbedingungen der Erwachsenen- und Weiterbildung gibt es eine explizit erwachsenenpädagogische Mediendidaktik. Es werden vielmehr Ansätze aus der Schule und Hochschule adaptiert (Bonnes & Koller, 2023).

In der Mediendidaktik hat sich angesichts der zuweilen widerstreitenden lerntheoretischen Positionen eine integrierende Perspektive etabliert: der Pragmatismus. Dieser Ansatz stellt die Frage, „welches Konzept welchen Beitrag liefern kann, um menschliches Handeln und die Handlungsfähigkeit von Menschen zu erweitern" (Kerres & de Witt, 2004, S. 83).

Der Begriff „Didaktik" ist eher im deutschsprachigen Raum gebräuchlich, während sich international und insbesondere für technikunterstützte Lehrangebote der Begriff „Instructional Design" etabliert hat.

Definition

Instructional Design

Unter „Instructional Design" wird die systematische Konzeption und Entwicklung von Lernangeboten verstanden, bei der das Vorgehen einem Modell folgt, das auf Ergebnissen der Lehr-Lern-Forschung und der Auswertung von Projekterfahrungen basiert (Kerres, 2018, S. 59).

Im Unterschied zur „Didaktik", wo methodische Entscheidungen vor dem Hintergrund einer Vielzahl von Rahmenbedingungen fallen, werden beim „Instructional Design" Entscheidungen eher formal entlang behavioristischer Auffassungen gefällt.

Für den Einsatz digitaler Medien in Lehr-Lern-Situationen gibt es verschiedene Begriffe (→ Kapitel 3). Der Begriff „E-Learning" wird seit vielen Jahren verwendet, wenn es um digitale Medien in konkreten Lehr-Lern-Situationen geht.

Definition

E-Learning

E-Learning ist ein Oberbegriff für alle Varianten der Nutzung digitaler Medien zu Lehr-Lern-Zwecken, die über einen Datenträger oder über das Internet bereitgestellt werden, etwa um Wissen zu vermitteln, für den zwischenmenschlichen Austausch oder für das gemeinsame Arbeiten an Artefakten (Kerres, 2018, S. 6).

E-Learning kann auf unterschiedliche digitale Technologien für Lehr-Lern-Zwecke zurückgreifen:

- Lehrprogramme,
- offene Lehrsysteme bzw. explorative Lernumgebungen,
- Übungsprogramme,
- E-Books bzw. digitale Bücher,
- Experimentier- und Simulationsumgebungen,
- Augmented- oder Virtual-Reality-Anwendungen (AR, VR),
- Intelligente tutorielle Systeme (ITS),
- Lernspiele
- Lernvideos (Breitschwerdt et al., 2022, S. 11–13; Tulodziecki et al., 2019).

Die Vielfalt an digitalen Technologien ist sowohl Chance für als auch Herausforderung bei der didaktischen Gestaltung.

Die Nutzung dieser digitalen Anwendungen bzw. Technologien in der Lehr-Lern-Interaktion stellt die Lehrenden und Planenden in der Erwachsenen- und Weiterbildung vor Herausforderungen. Entsprechend bedarf es zur Gestaltung einer digitalen Lernumgebung eines breiten Fundus von Konzepten und Erkenntnissen, die sich aus folgenden Fragen ableiten lassen.

Wissenswert

Leitfragen für die Gestaltung digitaler Lernumgebungen

- Welche allgemeinen didaktischen Ziele verfolgt das Angebot?
- Welche grundlegenden Prinzipien der Lehr-Lern-Forschung sind zu beachten?
- Welche Methoden (z. B. Instruktionsdesign) haben sich bisher als effektiv erwiesen?
- Welche Rahmenbedingungen sind in der Bildungseinrichtung vorzufinden?
- Wie ist der Lehrinhalt strukturiert und gibt es Fachdidaktiken?
- Welche mediengestützten Szenarien erscheinen didaktisch begründet und welche Mehrwerte eröffnen sie?

(Kerres, 2018, S. 53)

Im Zusammenhang mit diesen grundlegenden Fragen einer gestaltungsorientierten Mediendidaktik geht es darum, bestmögliche Bedingungen dafür zu schaffen, dass sich der Einsatz digitaler Medien lohnt und diese ihr Potenzial entfalten. Die gestaltungsorientierte Mediendidaktik beschreibt, wie Lernangebote didaktisch begründet zu konzipieren sind (Kerres, 2018, S. 52). Dazu gehört die Wahl des Mediums und des Lernszenarios als Lernumgebung. Die Gestaltung der Lehr-Lern-Situation sollte auf Vorwissen und Bedürfnisse der Lernenden ausgerichtet sein.

Dabei sollte stets mit Blick auf die Anforderungen an den Lehr-Lern-Prozess geprüft werden, ob die Ziele mit oder ohne digitale Medien zu erreichen sind.

Merksatz

Der Einsatz digitaler Medien sollte...

... an den Rahmenbedingungen der konkreten Einrichtung ausgerichtet werden. Dazu bedarf es Informationen zur Zielgruppe, deren Bildungsbedarf und -bedürfnissen, zu den Lehrinhalten und -zielen sowie zur Lernsituation und deren Organisation.

... einen Mehrwert im Vergleich zu anderen Lösungen haben und bspw. das Lernen stärker an individuellen Bedürfnissen ausrichten können

(Kerres, 2018, S. 85).

8.2 Wirksamkeit digitaler Technologien in Lehr-Lern-Situationen

Mit den digitalen Lehr-Lern-Technologien erweitern sich für Lehrende und Beratende die mediendidaktischen Möglichkeiten. Damit erhöht sich zwar die Variabilität, doch bleibt unklar, ob in Lehr-Lern-Situationen mit digitalen Lehr-Lern-Technologien in der Erwachsenen- und Weiterbildung ein höherer Lernerfolg als ohne diese erzielt werden kann.

Während in der Erwachsenen- und Weiterbildung bisher keine Meta-Studien vorliegen, die die Wirksamkeit von digitalen Lehr-Lern-Technologien belegen, ergeben Studien im Schulbereich, dass der Einsatz solcher Technologien einen kleinen bis mittleren Effekt auf den schulischen Lernerfolg hat. Am größten ist der Effekt dann, wenn interaktive Lernvideos und mobile Geräte in das Unterrichtsgeschehen eingebunden werden, während der Einsatz von Tablets und Smartphones losgelöst von didaktischen Maßnahmen im Unterricht einen vergleichsweise kleinen Effekt erzielt (mehr dazu bei Zierer, 2020).

Der Lernerfolg lässt sich demgegenüber deutlich erhöhen, wenn die digitalen Lehr-Lern-Technologien mit didaktischen Maßnahmen gekoppelt werden. So wirkt sich der Einsatz von Tablets deutlich besser aus, wenn eine didaktische Ausrichtung an den Bedürfnissen der Schülerinnen und Schüler erfolgt (mehr dazu bei Tamim et al., 2015).

Die Wirksamkeit des Einsatzes digitaler Technologien ist abhängig von der didaktischen Rahmung.

Vor dem Hintergrund dieser Aussagen zu den Wirkfaktoren im schulischen Kontext und den oben beschriebenen Prämissen der Mediendidaktik lassen sich auch Aussagen für den Einsatz von digitalen Lehr-Lern-Technologien in der Erwachsenen- und Weiterbildung treffen. Es wird deutlich, dass es für den Lernerfolg nicht ausschließlich darauf ankommt, digitale Technologien einzusetzen. Stattdessen ist es wichtig, *wie* diese von den Lehrenden in der konkreten Situation eingesetzt werden. Dies verweist auf die Bedeutung geeigneter mediendidaktischer Entscheidungen und mediendidaktischer Kompetenzen. Kerres formuliert dies folgendermaßen: „Digitale Medien in der Bildung führen nicht zu besseren Lernergebnissen. Sie beinhalten ein Potenzial für ein anderes Lehren und Lernen und für flexible Lernangebote, die problembasiertes Lernen unterstützen“ (Kerres, 2021, S. 204).

8.3 Didaktische Lehr-Lern-Medien und Lernszenarien

Eine Befragung unter Weiterbildungseinrichtungen hat gezeigt, dass vor allem diejenigen Lernmedien zum Einsatz kommen, die bereits fertig entwickelt vorliegen und ohne größere Vorbereitung im Seminarkontext eingesetzt werden können. Insbesondere der Einsatz von Videos (81% der Einrichtungen), die im Internet verfügbar sind, hat eine hohe Akzeptanz. Vergleichsweise wenig verbreitet sind Augmented- oder Virtual-Reality-Anwendungen.

Tabelle 5 gibt einen Überblick über die verschiedenen, derzeit verfügbaren Lernmedien und deren Verbreitung in Weiterbildungseinrichtungen (Breitschwerdt et al., 2022, S. 11-7).

Tabelle 5
Verbreitung von Lernmedien in Weiterbildungseinrichtungen (Breitschwerdt et al., 2022, S. 11-7)

didaktisch strukturierte digitale Medienangebote	Nutzung in % von N = 111	Bewährungseinschätzung	
		MW	SD
Videos	81	4,20	1,0
digitale Lehrbücher	63	3,77	1,3
digitale Tests, Prüfungen und Lernstandskontrollen	59	3,74	1,1
Übungsprogramme	43	3,83	1,3
Lernspiele	36	3,25	1,5
offene Lernsysteme bzw. Explorative Lernumgebungen	31	3,56	1,4
Experimentier- und Simulationsumgebungen	21	2,65	1,4
Intelligentes Tutorielles System (ITS)	17	2,89	1,7
Augmented- oder Virtual-Reality-Anwendungen (AR, VR)	14	1,62	1,0

In „Lernszenarien" werden digitale Lernmedien in einen Zusammenhang gebracht, der für das Erreichen der Lernziele, für die Inhalte, die Lernenden wie für die Rahmenbedingungen sinnvoll und wirkungsvoll ist. Die Einsatzmöglichkeiten unterscheiden sich sowohl darin, welche Funktion die Technik bzw. Medien haben sollen (z. B. Bereitstellen von Informationen; kooperatives Lernen; Präsentieren; Verwaltung) als auch darin, wie häufig auf digitale Lernmedien in der Lehrveranstaltung zurückgegriffen wird.

Der Einsatz digitaler Medien führt nicht notwendigerweise zu besseren Lernergebnissen.

Gemeinsames Lernen, der dadurch angeregte Perspektivwechsel und der Austausch über Vorteile der jeweiligen Erfahrungswerte und das Vorwissen anderer Teilnehmenden sind grundlegende Gestaltungselemente erwachsenenpädagogischer Lernangebote. Kooperatives Lernen ist nicht an digitale Szenarien gebunden und kann auch in Form von Gruppenarbeiten diverser Art in Präsenz stattfinden. Auch bei kooperativen Lernformen muss nicht nur die Frage, ob digitale Lernmedien zum Einsatz kommen, kritisch betrachtet werden, sondern auch, ob kooperatives Lernen den richtigen Zugang zum Lerninhalt bietet.

„hybrid" stammt von lat. *hybrida* für Mischform, Mischwesen

Um ein gemeinsames Lernen zu ermöglichen und den Bedürfnissen der Teilnehmenden nahezukommen, kann auf „hybride" Veranstaltungsformate zurückgegriffen werden. Hierzu werden Videokonferenzsoftware und -systeme benötigt. Hybride Veranstaltungen sind dadurch charakterisiert, dass virtuelle und lokale Teilnahme gleichzeitig ermöglicht werden. In einem weiteren Verständnis sind auch „hybride Lernformate" eine Form des Blended Learnings.

Hybride Formate haben den Vorteil, „die Teilnahme größerer Personenkreise [zu] ermöglichen und – zumindest auf Seiten der Teilnehmenden – zeitliche, ökonomische und ökologische Kosten [zu] reduzieren" (Grotlüschen, 2023, S. 26).

Auf Seiten der Planenden und Durchführenden haben diese Formate einen relativ hohen finanziellen, technischen und didaktischen Aufwand. Dazu gehört, dass das Maß gewünschter Interaktivität vorab definiert werden muss. Alle hybriden Formate und insbesondere solche mit einem hohen Grad an Interaktivität erfordern eine vorab stattfindende Klärung der Zielgruppe, des Veranstaltungsziels, der technischen Lösungen und der Methoden. So macht Aschemann (2023, S. 35) darauf aufmerksam, dass durch die Planenden und Durchführenden bspw. einzuschätzen ist, welche Kooperationsbereitschaft und welche digitalen Kompetenzen bei den Teilnehmenden für die Durchführung einer hoch interaktiven hybriden Lehrveranstaltung vorhanden sind.

Die Ausstattung, die für eine hybride Veranstaltung zur Verfügung steht, bedingt auch die didaktischen Möglichkeiten. So sind mit professionellen Hybridsystemen (u. a. mit beweglichen Kameras und Richtmikrofonen) andere interaktive Formate möglich als mit der Installation einer Videokonferenzsoftware auf dem Laptop der Teilnehmenden.

Beispiel

EBMooc

Im EBMooc „Die digitale Praxis für ErwachsenenbildnerInnen" aus Österreich werden verschiedene Formate des kooperativen Arbeitens in unterschiedlicher Dichte der Interaktion realisiert. Es gibt sowohl Aufzeichnungen in Form von Videos, die asynchron von den Teilnehmenden angeschaut und kommentiert werden können, als auch die Möglichkeit, sich in kleineren (regionalen) Gruppen im direkten synchronen Austausch via Videokonferenz zu verständigen (Europäische Kommission, 2019, S. 62).

8.4 Beratung in einer digitalisierten Welt

Neben der Lehre stellt Beratung die zweite wichtige Grundform pädagogischen Handelns auf der Ebene des mikrodidaktischen Handelns dar. Anders als beim Lehren steht hier nicht die Gestaltung von gruppenförmigen Situationen im Vordergrund. Es geht in der Beratung also nicht darum, mit möglichst vielen Personen an einem Thema zu arbeiten. Stattdessen liegt der Schwerpunkt von Beratung auf einzelnen Personen bzw. Organisationen.

Definition

Beratung

Beratung wird als eine personenbezogene soziale Dienstleistung verstanden, bei der die Beratenden komplexe Problemlagen von Menschen gemeinsam mit ihnen bearbeiten. Der Kern der Beratung liegt in der gemeinsamen Analyse und Reflexion von Verhaltensweisen, Einstellungen und Emotionen sowie im Herausarbeiten einer spezifischen Problemlösungsstrategie (Schiersmann, 2021, S. 115).

In der Erwachsenen- und Weiterbildung lassen sich zwei Arten von Beratung unterscheiden:

1. organisationsbezogene Beratung (z. B. Unternehmen, Organisationen) und
2. personenbezogene Beratung.

Die Weiterbildungsberatung bietet Ratsuchenden Unterstützungsangebote in verschiedenen Phasen der Suche nach und der Realisierung von Lerngelegenheiten. Die Vielfalt der Anlässe und Angebote lässt sich im Anschluss an Stanik (2015) entlang der Beratungsformate systematisieren, die von den verschiedenen Anbietern (Agenturen für Arbeit, kommunale Weiterbildungsberatungsstellen und regionale Beratungsnetzwerke, Personalentwicklungs- bzw. Weiterbildungsabteilungen in Großbetrieben, Weiterbildungsberatungsstellen der Kammern und Weiterbildungseinrichtungen) vorgehalten werden:

Vielfalt der Anlässe, Anbieter und Angebote der Weiterbildungsberatung

- *Weiterbildungs- und Kompetenzentwicklungsberatung* wird von allen Anbietern bereitgestellt und ist damit eines der beiden am breitesten verfügbaren Beratungsformate.
- Gleiches gilt für die *Qualifizierungsberatung für Betriebe.*
- Etwas weniger weit verbreitet sind Angebote der Förderberatung, die einen Schwerpunkt auf Förderprogramme wie den Bildungsscheck legen. Diese werden vorwiegend durch Weiterbildungsberatungsstellen und regionale Beratungsnetzwerke, Weiterbildungsberatungsstellen der Kammern und Weiterbildungseinrichtungen vorgehalten.
- *Organisationsberatung für Weiterbildungseinrichtungen* wird vorwiegend durch kommunale Weiterbildungsberatungsstellen und regionale Beratungsnetzwerke und Personalentwicklungs- bzw. Weiterbildungsabteilungen in Großbetrieben abgebildet.
- *Lernberatung* erfolgt primär durch einzelne Weiterbildungseinrichtungen.
- Ihrem Auftrag entsprechend wird *regionale Weiterbildungsberatung* durch kommunale Weiterbildungsberatungsstellen und regionale Beratungsnetzwerke realisiert.
- Auch *Kurswahlberatungen* erfolgen durch einen Anbietertyp, in diesem Fall die Weiterbildungseinrichtungen.

So wie sich die Anbieter von Lehrveranstaltungen im Zuge der Digitalisierung verändern, so verändern sich auch die Beratungseinrichtungen. Dies wird als Möglichkeit wahrgenommen, die eigenen Angebote besser sichtbar zu machen und neue Zielgruppen zu erschließen. Um diese beiden Ziele zu erreichen, wäre eine konsequente Einbindung digitaler Medien in allen Schritten des Beratungsprozesses von der Kontaktanbahnung bis hin zum Abschluss des Prozesses notwendig. Das ist aber bislang nicht der Fall. Stattdessen werden aktuell nur einzelne Schritte digital durchgeführt.

Eine Möglichkeit, die Stanik und Maier-Gutheil (2020a) nahelegen, besteht in der stärkeren Präsenz der Angebote auf Social-Media-Kanälen. Damit könnte auch eine Weiterentwicklung bestehender Angebote der Online-Beratung einhergehen, die bereits jetzt mit digitalen Kommunikationstechnologien, wie E-Mails, arbeiten.

Wegweiser Forschung

Chatbots in der Beratung

Ergebnisse des wbmonitor 2019 zeigen auf, dass Chatbots als automatisierte textbasierte Dialogsysteme bisher nur von 2 Prozent der befragten Anbieter genutzt werden. Weitere 14 Prozent planen deren Einführung (Christ et al., 2020). Die Potenziale von Chatbots für Weiterbildungsberatung können in der Erstellung von persönlichen Lernempfehlungen auf Basis standardisierter Kriterien oder der Karriereberatung vor dem Hintergrund vorher definierter Karrierepfade bestehen (Satow, 2018).

Zunehmende Bedeutung der Online-Beratung angesichts der lebensweltlichen Veränderungen der Ratsuchenden

Online-Beratung unterscheidet sich von Beratungen in leiblicher Anwesenheit dadurch, dass die Kommunikation primär digital erfolgt. Die Nutzung von digitalen Kommunikationswegen zur Durchführung der Beratung entspricht dabei den lebensweltlichen Veränderungen der Ratsuchenden, deren Alltag ebenfalls von digitalen Phänomenen geprägt ist. Dabei steht den Beteiligten eine Vielzahl an Medien und damit verbundenen Formaten von Online-Beratung zur Verfügung.

Die Formate der Online-Beratung lassen sich nach folgenden Kriterien unterscheiden:

- wie der Beratungsprozess zeitlich strukturiert ist (synchron oder asynchron),
- welche Kommunikationsform vorgezogen wird (schriftlich oder mündlich) und
- wie viele Personen Rat suchen (Einzelpersonen bzw. -organisationen oder Gruppen bzw. Verbünde) (Engelhardt, 2018).

Im Folgenden werden vier Formate, die mithilfe digitaler Medien realisiert werden können, skizziert:

- E-Mail-Beratung
- Forenberatung
- Chatberatung
- Videochatberatung

Bei *E-Mail-Beratung* erfolgt die Kommunikation zwischen zwei Personen asynchron und schriftlich, was sie im Vergleich zu synchronen Formaten entschleunigt. Durch den zirkulären Schreibprozess bietet Emailberatung für Ratsuchende und Ratgebende zusätzliche Möglichkeiten, beim Schreiben über den Beratungsgegenstand und -prozess zu reflektieren.

Mit *Forenberatung* können mehrere Ratsuchende asynchron schriftlich erreicht werden. Diese können sich zudem bei Bedarf darauf beschränken, anonym mitzulesen. Dadurch können Informationen zu potenziell sensiblen Themen eingeholt werden. Angesichts dieser „öffentlichen Beratungssituation" (Stanik & Maier-Gutheil, 2020b, S. 118) können sich jederzeit weitere Personen mit neuen Anliegen oder nicht zielführenden Empfehlungen in den Beratungsprozess einbringen, was dessen Dynamik beeinflussen kann.

Chatberatung nutzt ebenfalls Texte zum Austausch von zwei Personen innerhalb des Beratungsprozesses. Im Kontrast zur E-Mail-Beratung ist die Kommunikation zwischen Ratsuchenden und Ratgebenden synchron. Um über diesen Kommunikationskanal mehr als nur textbasierte Inhalte zu kommunizieren, können in Chats Elemente wie Emoticons zur Übertragung von Gefühlslagen eingesetzt werden. Angesichts der zunehmenden Verbreitung von chatbasierten Messenger-Diensten kann Chatberatung genutzt werden, um an die lebensweltlichen Kommunikationsgewohnheiten verschiedener Zielgruppen anzuschließen.

Videochatberatung setzt auf audiovisuelle Kommunikation. Sie weist im Vergleich zu den anderen Formaten der Online-Beratung die größte Ähnlichkeit zu Beratungen in leiblicher Anwesenheit auf. Die synchrone Übertragung des Kamerabildes und die damit ggf. verbundenen Einblicke in den Wohn- bzw. Arbeitsraum von Ratsuchenden und Ratgebenden kann Nähe erzeugen. Dies setzt wiederum hohe Anforderungen an die technische Ausstattung und die Medienkompetenz der Beteiligten.

Passung zwischen Online-Beratungsformat und Präferenzen der Ratsuchenden

Die Auswahl des Beratungsformats ist dabei im Wesentlichen von den Präferenzen der Ratsuchenden, die den Beratungsprozess initiieren, abhängig. So bieten sich für Personen, die unverbindlich und anonym Rat zu einem aus ihrer Sicht heiklen Themenbereich suchen, andere Formate an als für Personen, die ein Format mit möglichst großer Ähnlichkeit zu Beratungen in leiblicher Anwesenheit bevorzugen. Zudem spielen hier auch die Mediennutzungsgewohnheiten (→ Kapitel 9) der Ratsuchenden eine wichtige Rolle.

8.5 Zusammenfassung

Lehren und Lernen mit digitalen Medien findet unter Berücksichtigung mediendidaktischer Grundlagen statt. Diese stellen unter Einbezug von Lerninhalt, Zielgruppen und Methoden die Bedingungen für einen möglichst wirksamen Einsatz digitaler Medien dar. Meta-Studien zeigen gegenüber den vielfältigen Potenzialen digitaler Medien in der Lehre auf, dass ihr bloßer Einsatz nicht zwangsläufig zu einem besseren Lernerfolg führt. Vielmehr ist es notwendig, digitale Medien in geeigneten didaktischen Szenarien einzusetzen. Auch in der Weiterbildungsberatung spielen digitale Medien vor allem als neuer Kommunikationskanal eine zunehmende Rolle. Aufgrund der Vielfalt an textbasierten und audiovisuellen Formaten besteht hier ein Potenzial, niedrigschwellige Beratungsangebote zu erstellen, die an den Nutzungsgewohnheiten der Ratsuchenden orientiert sind. Diese Erkenntnisse zeigen Frau K. und ihren Kolleginnen und Kollegen auf, dass der bloße Einsatz digitaler Medien allein keinen Mehrwert für gutes Lehren und Lernen bringt, sondern stattdessen die Medien zu den Bedürfnissen und Erfahrungen der Zielgruppe passen sollten. In Bezug auf die Digitalisierung von Beratungsangeboten hat sich gezeigt, dass es möglich ist, die eigenen Beratungsangebote stärker als bisher im digitalen Raum durchzuführen.

Fragen & Aufgaben

1. Suchen Sie nach Beispielen von konkreten Lernszenarien für jede der klassischen lerntheoretischen Ansätze. Welche Vor- und Nachteile haben diese?
2. Welches Format von Online-Beratung würden Sie Ratsuchenden aus welchen Gründen empfehlen, wenn Sie im Beratungsprozess großen Wert auf Reflexionsmöglichkeiten legen?
3. In welchen Situationen Ihrer Bildungsbiografie wurden digitale Medien schon einmal aus Ihrer Sicht besonders wirksam und besonders unwirksam mediendidaktisch eingesetzt?

Tipps zum Weiterlesen

Grotlüschen, A. & Pätzold, H. (2020). *Lerntheorien* (Lehrbücher der Erwachsenen- und Weiterbildung). Bielefeld: wbv Publikation. https://doi.org/10.36198/9783838556222

Das Buch führt grundlegend in die erwachsenenpädagogisch relevanten Lerntheorien ein.

Kerres, M. (2018). Mediendidaktik. *Konzeption und Entwicklung digitaler Lernangebote.* München & Wien: DeGruyter Oldenbourg. https://doi.org/10.1515/9783110456837

Dieses Standardwerk der Mediendididaktik gibt einen umfassenden handlungsorientierten Überblick über das Themenfeld. Es werden konkrete Hinweise auf die Entwicklung eines gestaltungsorientierten didaktischen Designs gegeben.

Stanik, T. & Maier-Gutheil, C. (2020b). Online-Beratung – Formate, Anforderungen, Befunde. *Kontext. Zeitschrift für Systemische Perspektiven, 51(2), 110–122.*

Der Beitrag gibt einen Überblick zu den verschiedenen Formaten von Online-Beratung und verdeutlicht zentrale Herausforderungen für Ratgebende.

Hippel, A. v., Kulmus, C. & Stimm, M. (2018). *Didaktik der Erwachsenen- und Weiterbildung.* Paderborn: Brill & Schöningh. https://doi.org/10.36198/9783838550121

In diesem Lehrbuch wird grundlegend in das Themenfeld Didaktik in der Erwachsenen- und Weiterbildung eingeführt. Es werden u. a. Lehr-Lern-Theorien, didaktische Handlungsebenen und Methoden thematisiert.

9

Medienpädagogische Professionalisierung

In diesem Kapitel werden zentrale Anforderungen für kompetentes berufliches Handeln von Erwachsenenbildnerinnen und Erwachsenenbildnern in einer digitalisierten Welt benannt. Die kompetente Anwendung digitaler Lehr-Lern-Medien und die Vermittlung von Medienkompetenz bilden Grundlagen erwachsenenpädagogischen Handelns. Zudem werden Ergebnisse zum medienpädagogischen Kompetenzstand und Angebote zur individuellen Professionalisierung dargestellt.

Lernziele

- Modelle medienpädagogischer Kompetenzen von Professionellen in der Erwachsenen- und Weiterbildung kennenlernen
- Einstellungen von Erwachsenenbildnerinnen und Erwachsenenbildnern zur Digitalisierung kennenlernen
- Bedeutung ethischer Orientierungen für den Umgang mit digitalen Lehr-Lern-Medien kennenlernen
- Medienpädagogische Professionalisierungswege in der Erwachsenen- und Weiterbildung kennenlernen
- Möglichkeiten der eigenen medienbezogenen Professionalisierung reflektieren können

Frau K. weiß, dass die Mitarbeitenden digitale Medien in unterschiedlicher Weise einsetzen. Im Rahmen von Gesprächen stellt sie fest, dass es unterschiedliche Erfahrungen und Haltungen zur Digitalisierung und variierende Vorstellungen zur Nützlichkeit von digitalen Medien in der eigenen pädagogischen Tätigkeit gibt. Zugleich werden auch immer wieder Wünsche nach mehr Wissen zu den Einsatzmöglichkeiten der digitalen Medien geäußert. An diesen Bedarf möchte sie anschließen.

9.1 Medienpädagogische Kompetenzen für die Erwachsenen- und Weiterbildung

Kompetenzanforderungen

Durch die technischen und sozialen Veränderungen einer digitalisierten Lebenswelt, die auch Auswirkungen auf die Bildungs- und Lernbedarfe von Erwachsenen haben, entstehen zusätzliche Anforderungen erwachsenenpädagogischer Professionalität.

Professionalität ist ein situativer Zustand, der durch individuelle Professionalisierung permanent flankiert sein muss.

Hof und Egloff verstehen Professionalität als „die mit der Profession verbundenen spezifischen Kompetenzen sowie das fachliche Wissen und Können, die zusammen ein situationsangemessenes Handeln auch angesichts berufsspezifischer Widersprüche und Handlungsprobleme erlauben“ (ebd., 2022, S. 22). Um eine solche Professionalität zu erreichen, bedarf es einer individuellen Professionalisierung. Letztere beschreiben Hof und Egloff als die „Qualifizierung des Einzelnen im Rahmen einer akademischen Ausbildung und der Weiterentwicklung im Beruf“ (ebd.).

Beispiel

wb-web – Das Portal für Lehrende in der Erwachsenen- und Weiterbildung

Das Portal wb-web ist ein Informations-, Kommunikations- und Lernangebot für Lehrende der Erwachsenen- und Weiterbildung. Es liefert wissenschaftlich fundierte Informationen, Handreichungen, Anleitungen und stellt diese der Praxis bereit. Gleichzeitig bietet das Portal als Community Praktikerinnen und Praktikern die Möglichkeit, das eigene professionelle Wissen darzustellen. Austausch zwischen Wissenschaft und Praxis findet in Veranstaltungen oder in Social-Media-Kanälen statt.

→ https://wb-web.de/

Professionelles Handeln in der Erwachsenen- und Weiterbildung ist von vielen Anforderungen geprägt, die je nach Tätigkeitsschwerpunkt (Einrichtungsleitung, Programm- bzw. Angebotsplanung, Lehre und/oder Beratung) variieren. Es müssen die Bedarfe unterschiedlicher Akteure (z. B. Teilnehmende, Träger, Lokalpolitik, Verbände) antizipiert bzw. erhoben, mit den Zielen des eigenen Handelns verbunden und diese wiederum mit organisationalen Rahmenbedingungen (z. B. finanzielle oder zeitliche Ressourcen) in Übereinstimmung gebracht werden. Die Digitalisierung erhöht die Komplexität dieser Anforderungen, u. a. durch die räumliche und zeitliche

Entgrenzung der Bildungs- und Lernkontexte sowie durch die heterogenen Voraussetzungen der Teilnehmenden in Bezug auf die Fähigkeit, mit digitalen Technologien umgehen zu können.

Medienpädagogische Handlungskompetenz stellt eine wichtige Voraussetzung für professionelles Handeln dar.

Vor dem Hintergrund der sich verändernden Anforderungsprofile wurden in den letzten Jahren Modelle zur Beschreibung der Kompetenzanforderungen in der Erwachsenen- und Weiterbildung erstellt bzw. weiterentwickelt. Der Fokus liegt dabei auf der mikrodidaktischen Ebene. Zudem wurden Modelle für Erwachsenenbildnerinnen und Erwachsenenbildner entwickelt, die medienpädagogische Kompetenzen bzw. Anforderungen professionellen pädagogischen Handelns in den Blick nehmen (Abbildung 9).

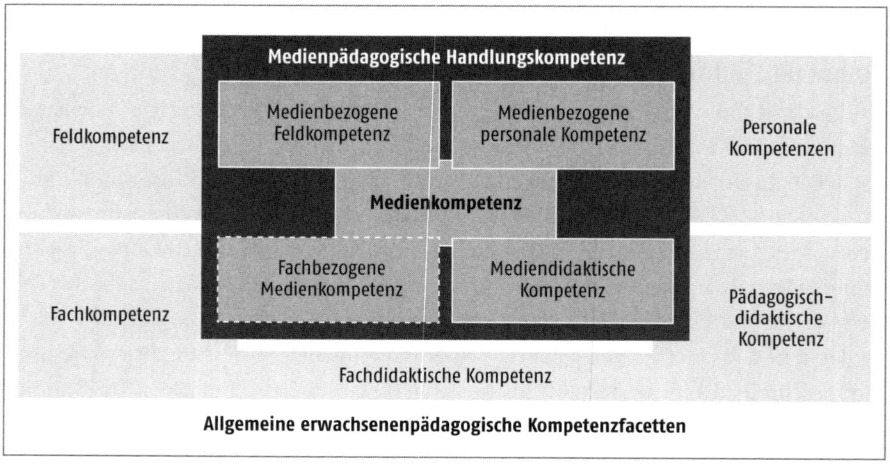

Abbildung 9: Modell medienpädagogischer Handlungskompetenz (Rohs et al., 2017, S. 8)

Auf der Grundlage einer allgemeinen Medienkompetenz (→ Kapitel 2.2) werden in diesem Modell vier Kompetenzfacetten herausgearbeitet:

- *medienbezogene personale* Kompetenz
  Fähigkeit und Bereitschaft zur Reflexion des eigenen Medienhandelns, Kompetenzen der Selbstregulation, Veränderungs- und Lernbereitschaft
- *mediendidaktische* Kompetenz
  Kenntnisse über Lehr-Lern-Technologien, Fähigkeit, Bereitschaft und Motivation, erwachsenenpädagogische Lernszenarien mit Lehr-Lern-Medien anzureichern und zu gestalten, mediendidaktisches und medienpsychologisches Wissen
- *fachbezogene* Medienkompetenz
  Wissen und Fähigkeiten um die Passung von Medieneinsatz im Lehr-Lern-Kontext und Lerngegenstand
- *medienbezogene Feld*kompetenz
  Kenntnisse der Mediennutzungsgewohnheiten und Medienkompetenz der Teilnehmenden, medienbezogenes Kontextwissen, Wissen um Kultur im Umgang mit Medien

Jenseits von Kompetenzmodellen für nationale Weiterbildungssysteme und Anforderungen aus nur einem pädagogischen Arbeitsfeld wurden mittlerweile auch länder- und bildungsbereichsübergreifende Ansätze entwickelt.

Beispiel

Ein Beispiel für ein transnationales Kompetenzmodell ist das *European Framework for the Digital Competence of Educators – DigCompEdu*. Dessen Besonderheit besteht darin, dass es für Lehrende aus möglichst allen pädagogischen Arbeitsfeldern, d. h. von der Frühpädagogik bis zur Erwachsenen- und Weiterbildung, gültig sein soll (Redecker & Punie, 2017). Das *DigCompEdu CheckIn Tool* bietet Lehrenden aus verschiedenen pädagogischen Arbeitsfeldern die Möglichkeit, ihre eigenen Kompetenzen beim Einsatz digitaler Medien zu überprüfen und zu reflektieren.

→ https://t1p.de/jd7f

Bei näherer Betrachtung zeigt sich, dass die zugrundeliegenden Kompetenzanforderungen vor allem funktional orientiert sind. Dieser Fokus auf Anwendungskenntnisse birgt sowohl die Gefahr, dass Kompetenzen zu grundlegenden mediendidaktischen Entscheidungsprozessen fehlen als auch normative Wertorientierungen pädagogischen Handelns nicht reflektiert werden.

Aktuelle Kompetenzmodelle besitzen Leerstellen, die es bei ihrer Weiterentwicklung zu berücksichtigen gilt.

Nimmt man konkrete Kompetenzanforderungen in den Blick, so zeigt eine Studie aus der Schweiz aus dem Jahr 2017 auf, dass aus Anbietersicht folgende digitale Kompetenzen wichtig sind (Abbildung 10).

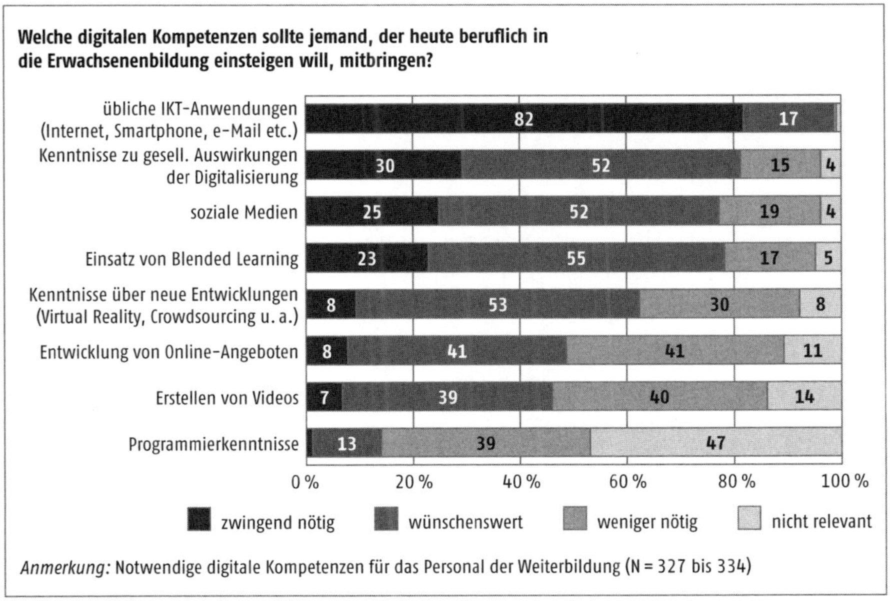

Abbildung 10: Digitale Kompetenzanforderungen aus Anbietersicht (Sgier et al., 2018, S. 26)

Es werden Kompetenzen zur Mediennutzung benötigt, die jenseits von Lehr-Lern-Interaktionen in der Alltagskommunikation üblich sind (zu 99% zwingend nötig oder wünschenswert). Zudem bilden die Gestaltung von Blended-Learning-Szenarien und die Nutzung von Sozialen Medien wichtige Kompetenzbereiche (78% bzw. 77%). Schließlich zeigt die Studie, dass es für erwachsenenpädagogisches Handeln nicht nur wichtig ist, digitale Infrastrukturen instrumentell für Lehr-Lern-Interaktionen einsetzen zu können, sondern auch Wissen zu den gesellschaftlichen Auswirkungen der Digitalisierung zu besitzen. Hierbei werden vor allem nicht-technische Anforderungen wichtig:

- Fähigkeit zu interdisziplinärer Kommunikation,
- Selbstregulation bzw. Selbstmanagement,
- Umgang mit Beleidigungen (bspw. „Hatespeech") im Internet,
- ethische Fragen und
- nutzungsrechtliche Fragen.

Individuelle Voraussetzungen der Professionalisierung

Für den kompetenten Umgang mit der Digitalisierung sind nicht nur konkretes Wissen und spezifische Fähigkeiten notwendig. Es sind darüber hinaus auch Einstellungen und der Habitus der Personen wichtig, da sie die Bereitschaft beeinflussen, sich mit digitalen Phänomenen zu beschäftigen.

Einstellungen und Habitus bilden die Basis für individuelle Kompetenzentwicklung und Professionalisierung.

Einstellungen leiten sich aus unseren Bewertungen von Sachverhalten, Menschen, Gruppen und anderen Arten von Objekten unserer sozialen Welt ab. Sie beeinflussen die Art und Weise, wie wir die Welt wahrnehmen und uns in ihr verhalten (Haddock & Maio, 2014, S. 198).

Definition

Habitus

Der Habitus umfasst „durch Lernen erworbene, aufeinander bezogene und in der Regel unbewusste Wahrnehmungs-, Denk-, Urteils- und Handlungsmuster, die den spontanen Praktiken sozialer Akteure im Rahmen sozialer Strukturen und Institutionen zugrunde liegen. Der Begriff beschreibt zu dauerhaften Dispositionen verdichtete, im wörtlichen Sinne einverleibte Gewohnheiten und Routinen" (Liebau, 2014, S. 155).

Während in technikaffinen Milieus der Gesellschaft, aber auch auf bildungspolitischer Ebene positive Zuschreibungen gegenüber der Digitalisierung dominieren, zeigen jüngere Studien zu Einstellungen von Erwachsenenbildnerinnen und Erwachsenenbildnern eine verbreitete Skepsis gegenüber digitalen Medien auf (→ Kapitel 4). Sie stehen technischen Entwicklungen grundsätzlich offen gegenüber, schätzen aber den Nutzen bzw. die Wirksamkeit des Einsatzes digitaler Medien auf mikrodidaktischer Ebene – und hier besonders mit sozial benachteiligten Zielgruppen – skeptisch ein. Zudem wird befürchtet, dass die physische Begegnung zwischen Lehrenden und Lernenden durch virtuelle Arrangements (wie Videokonferenzen) an Bedeutung verlieren könnte. Diese eher skeptischen Einstellungen sind vom Alter, Schulabschluss, Beschäftigungskontext und dem Stand der Kompetenzentwicklung der Lehrenden abhängig. Personen mit Abitur und Beschäftigte, die eine Weiterbildung zu digitalen Medien absolviert haben, sind deutlich positiver und chancenorientierter eingestellt (Rohs, 2019). Letztgenannter Aspekt verdeutlicht die positiven Effekte formaler Lernkontexte auf die Entwicklung einer kritisch-reflexiven Offenheit gegenüber digitalen Phänomenen.

Qualitative Forschungsergebnisse zum medialen Habitus zeigen seine hohe Bedeutung für die individuelle Professionalisierung: Durch ihre medienbiografischen Erfahrungen (bspw. Vertrautheit mit sozialen Medien seit dem Jugendalter oder erstmalige Verwendung von Smartphones im mittleren Erwachsenenalter) entwickeln Lehrende im Verlauf ihrer Tätigkeit habituelle Strukturen, die sich auf die Bereitschaft zur weiteren Auseinandersetzung mit digitalen Medien auswirken. Eine grundsätzliche Offenheit fördert diese Bereitschaft, während eine Ambivalenz, die auf negativen oder fehlenden Erfahrungen beruht, dieser eher entgegensteht (Bolten-Bühler, 2021).

9.2 Kompetenzentwicklung von Erwachsenenbildnerinnen und Erwachsenenbildnern

Medienpädagogische Kompetenzentwicklung

Die neuen Kompetenzanforderungen, welche die Digitalisierung an das Lehr- und Leitungspersonal im Feld der Erwachsenen- und Weiterbildung stellt, werfen die Frage auf, wie diese Kompetenzen angeeignet werden bzw. ob und in welcher Form diese Inhalte Gegenstand von Aus- und Weiterbildung für Erwachsenenbildnerinnen und Erwachsenenbildner sind.

Quereinstieg in das Feld der Erwachsenen- und Weiterbildung

Dabei ist aus der Forschung zur Professionalisierung von Erwachsenenbildnerinnen und Erwachsenenbildnern bekannt, dass diese zu großen Teilen zwar eine akademische Ausbildung haben (ca. 45%), allerdings nur knapp jede achte Person (16%) über einen pädagogischen Hintergrund verfügt. Beim lehrenden Personal hingegen beträgt der Anteil derjenigen mit akademischem Abschluss fast drei Viertel (72%), wobei ca. 30 Prozent der Hochschulabschlüsse im pädagogischen Bereich anzusiedeln sind (Martin & Langemeyer, 2014, S. 54). Diese Zahlen verdeutlichen, dass es sich bei Erwachsenenbildnerinnen und Erwachsenenbildnern in großem Umfang um Quereinsteigerinnen und Quereinsteiger handelt, die über keine pädagogische Ausbildung verfügen und sich ihre diesbezüglichen Kompetenzen entweder informell oder im Rahmen von Weiterbildungen aneignen.

Rückfragen an die Forschung

Es fehlen umfangreichere Studien zu folgenden Fragen:

- Welche Rolle spielt das informelle Lernen in der Professionalisierung von Erwachsenenbildnerinnen und Erwachsenenbildnern?
- Bei welchen Lernbedarfen wird vor allem informell und selbstgesteuert gelernt?
- Welche Ressourcen und Medien werden für den informellen Kompetenzerwerb genutzt?

Informelles Lernen stellt einen Pfad der individuellen Professionalisierung dar.

Es ist zu berücksichtigen, dass die externen Anreize zur Auseinandersetzung mit Fragen der Digitalisierung vor der Corona-Pandemie gering waren. Das heißt, die Beschäftigung mit Fragen der Digitalisierung in der Erwachsenen- und Weiterbildung war vor allem intrinsisch motiviert und erfolgte aufgrund fehlender Orientierungen eher entlang individueller Neigungen und Interessen (Rohs & Bolten, 2017). Die Auseinandersetzung mit Fragen des didaktischen Einsatzes digitaler Medien in der Lehre erfolgte durch Ausprobieren und auf Grundlage von online verfügbaren Informations- und Lernmaterialien, welche den Bedarf an schnell verfügbaren Informationsangeboten und Handlungshilfen (Schöb et al., 2015, S. 17) sowie den kollegialen Austausch (Rohs & Bolten, 2017) befriedigten. Informelles und selbstgesteuertes Lernen ist dabei in der Regel nicht die einzige Form der Aneignung von Kompetenzen; vielmehr erfolgt es in der Regel in Verbindung mit organisierten Aus- und Weiterbildungsangeboten (Train-the-Trainer). Darauf wird im Folgenden näher eingegangen.

Angebote zur individuellen Professionalisierung

Die Ausbildung für eine Tätigkeit im Bereich der Erwachsenen- und Weiterbildung erfolgt über ein Hochschulstudium mit dem Schwerpunkt Erwachsenen- und Weiterbildung, Lebenslanges Lernen oder als eine entsprechende Vertiefung eines pädagogischen bzw. erziehungswissenschaftlichen Studiengangs. Nach einer Erhebung aus dem Jahr 2017 (Kohl & Rohs, 2019) gibt es in Deutschland ca. 160 Studienangebote auf Bachelor- und Masterniveau, zwischen denen Interessierte wählen können.

Mit Blick auf die individuelle Professionalisierung im Bereich der Digitalisierung stellt sich nun die Frage, wie im Rahmen dieser Studiengänge entsprechende Themen behandelt werden. Hierfür liegen jedoch bisher kaum empirische Arbeiten vor.

Rückfragen an die Forschung

Es fehlen umfangreichere Studien zu folgenden Fragen:

- Wie und in welchem Umfang werden Fragen der Digitalisierung in Studiengängen der Erwachsenen- und Weiterbildung thematisiert?
- Welche Schwerpunktsetzungen werden im Bereich medienpädagogischer Kompetenzen vorgenommen?
- Wird das Thema Digitalisierung als Querschnittsthema oder als Spezialisierung aufgegriffen?
- Welche Unterschiede zwischen den Hochschulen gibt es?

Eine Dokumentenanalyse von Modulhandbüchern von sieben Master-Studiengängen im Bereich Erwachsenen- und Weiterbildung (Illi, 2016) hat große Unterschiede zwischen den Studienangeboten gezeigt. So wurden z. B. Bezüge zur Digitalisierung in zwei Studiengängen nicht in den Modulhandbüchern verankert. In allen anderen wurden zumindest mediendidaktische oder medienethische Fragestellungen behandelt. Hervorzuheben sind demgegenüber einzelne Angebote, welche die Thematik zentral aufgreifen, wie z. B. der Studiengang Bildungswissenschaft mit dem Schwerpunkt interkulturelle Medien- und Erwachsenenbildung an der Universität der Bundeswehr (München).

Bezüge zur Digitalisierung finden sich in Modulhandbüchern erwachsenenpädagogischer Studiengänge bisher kaum.

Dass medienbezogene Inhalte in den erwachsenenpädagogischen Studienangeboten von geringer Relevanz waren, wird auch im nach wie vor orientierungsleitenden „Kerncurriculum für konsekutive Bachelor/Master-Studiengänge im Hauptfach Erziehungswissenschaft mit der Studienrichtung Erwachsenenbildung/Weiterbildung“ (DGfE, 2006) deutlich. Aufgrund der gestiegenen Relevanz ist davon auszugehen, dass im Rahmen der Reakkreditierungen dieses Thema aktuell eine stärkere Verankerung in den Modulhandbüchern gefunden hat oder finden wird. Dennoch zeigen aktuelle Studien, dass die medienpädagogische Professionalisierung in den untersuchten Studiengängen der Erwachsenenbildung (noch) stark von der Eigeninitiative der Studierenden abhängt (Bellinger, 2023). Da sich die hier vorgestellten Untersuchungen auf den Zeitraum vor der Corona-Pandemie beziehen, ist davon auszugehen, dass das Themenfeld „Digitalisierung“ zukünftig stärker aufgegriffen und im Rahmen der Reakkreditierungen auch umfassender in den Modulhandbüchern verankert wird.

Weitaus unübersichtlicher stellt sich die Situation im Bereich medienpädagogischer Weiterbildungsangebote für Erwachsenenbildnerinnen und Erwachsenenbildner dar. Eine Recherche in der Datenbank QUALIDAT aus dem Jahr 2018 ergab, dass von den nur wenige mit dem Suchbegriff „Medien“ verknüpft waren. Demgegenüber werden überwiegend allgemeine mediendidaktische Themen behandelt (Rohs, 2019).

Dabei ist nicht nur der geringe Umfang, sondern auch die einseitige Orientierung auf Anwendungswissen bemerkenswert. Aktuelle Untersuchungen zu diesem Themenfeld fehlen. Es gibt aber Hinweise darauf, dass im Rahmen der Umstellung des Weiterbildungsangebots als Folge des Corona-Lockdowns die Anbieter verstärkt interne Weiterbildungsangebote für ihre Trainerinnen und Trainer angeboten haben (Maier & Rohs, 2020).

Das folgende Beispiel zeigt ein Fortbildungsangebot für Kursleiterinnen und Kursleiter der Berliner Erwachsenenbildung des Servicezentrums der Berliner Volkshochschulen (1. Semester 2022). Es zeigt die Herausforderungen, welche sich insbesondere durch die Umstellung auf Online-Angebote im Rahmen der Corona-Pandemie für die Lehrenden gestellt haben. Deutlich wird dabei eine sehr problem- und praxisbezogene Zielausrichtung der Angebote (Abbildung 11).

Beispiel

NEU

DigitalWerkstatt für Kursleitende

Moderierter Online-Austausch zu unterschiedlichen Themen

Diese vierteilige Digitalwerkstatt richtet sich an Kursleitende, die online oder hybrid arbeiten oder arbeiten wollen. Und alle, die auf der Suche nach guten Tools, Techniken und Ideen für ihre Online- und Hybrid-Kurse sind.

Jedes der 90minütigen Online-Live-Treffen steht unter einem anderen Motto:

SE-Fb051F22: „Schweigen im Walde: Wieso antwortet hier keiner?"
Gewinnbringend Interaktionen mit aktiven TN

SE-Fb052F22: „Keine Zeit, stundenlang Unterricht vorzubereiten!"
Gute Veranstaltungen effizient planen

SE-Fb053F22: „Ich kann auch nicht alles gleichzeitig!"
Hilfestellungen zum souveränen Umgang mit technischen und didaktischen Herausforderungen im digitalen Unterricht

SE-Fb054F22: „Was funktioniert eigentlich immer?"
Best Practice Beispiele für Online- und Hybridkurse

Sie können an einem oder an allen Terminen teilnehmen.

Wichtig zu wissen: Bitte rechtzeitig anmelden und die Bereitschaft mitbringen, eigene Tipps und Tools mit Kolleg: innen auszutauschen.

Zielgruppe: alle Kursleitenden der Berliner Erwachsenenbildung

Abbildung 11: Fortbildungsangebot für Kursleiterinnen und Kursleiter der Berliner Erwachsenenbildung des Servicezentrums der Berliner Volkshochschulen (Servicezentrum der Berliner Volkshochschulen, 2022, S. 9)

Zunahme an Weiterbildungsmöglichkeiten infolge der Corona-Pandemie

Eine Übersicht über Train-the-Trainer-Angebote zum Themenfeld Digitalisierung gibt es nicht. Es ist davon auszugehen, dass es hier eine große Heterogenität hinsichtlich Dauer und Preisgestaltung gibt (Rohs, 2019). Inhaltlich verweist eine erste qualitative Studie auf einen mediendidaktischen Fokus der Angebote, wobei die Vermittlung von Anwendungskompetenzen im Umgang mit Lehr-Lern-Tools eine wichtige Rolle spielt. Darüber hinaus wird in den Angeboten zur kritischen Reflexion des Einsatzes digitaler Medien in Lehr-Lern-Kontexten angeregt (Ramis, 2018). Aber auch hier liegen keine Studien vor, welche die Situation nach der Pandemie für eine größere Anzahl an Anbietern beleuchtet.

Rückfragen an die Forschung

Es fehlen umfangreichere Studien zu folgenden Fragen:

- Welche Weiterbildungsangebote gibt es für Erwachsenenbildende und Kursleitende zur Digitalisierung?
- Welche Themen und Kompetenzen werden in diesen Angeboten adressiert?
- Welche Zielgruppen (Lehrende, Leitungen, Programmverantwortliche usw.) werden angesprochen? Wer sind die Anbieter?

Alternativ zu den kostenpflichtigen Weiterbildungsangeboten wurden und werden kostenfreie *Massive Open Online Courses – MOOCs* für Kursleitende im Internet angeboten, in welchen sich die Lehrenden medienpädagogische Kompetenzen aneignen können. Sie entsprechen als niedrigschwellige und flexible Angebote in besonderem Maße den Anforderungen der Zielgruppe.

Beispiel

Zu den MOOCs in der Erwachsenenbildung gehören:

- der von verschiedenen deutschen Volkshochschulen initiierte VHS-MOOC „Wecke den Riesen auf", welcher 2013 unter der Zielsetzung „Weblernen mit der Volkshochschule" über 700 Teilnehmende erreichte (Klotmann et al., 2014),
- der EBmooc „Die digitale Praxis für ErwachsenenbildnerInnen" aus Österreich, welcher fast 6.000 Teilnehmende ausweist (Europäische Kommission, 2019, S. 62).

Darüber hinaus gibt es zahlreiche weitere Selbstlernangebote, welche eine Grauzone des eingangs dargestellten Bereichs informellen Lernens darstellen.

9.3 Zusammenfassung

Aus der Verfügbarkeit digitaler Infrastrukturen erwachsen Zusatzanforderungen an professionelles erwachsenenpädagogisches Handeln. Die damit verbundenen Kompetenzen werden in verschiedenen Modellen abgebildet und/oder mittels Befragungen erfasst. Dabei zeigt sich, dass medienpädagogische Kompetenzen sowohl im Bereich der Mediennutzung als auch der Betrachtung ihrer gesellschaftlichen Auswirkungen in der erwachsenenpädagogischen Praxis wichtiger werden.

Um diesen Anforderungen gerecht zu werden, sind der Auf- bzw. Ausbau von Medien- und medienpädagogischen Kompetenzen notwendig. Die individuellen Voraussetzungen variieren nach Alter, Schulabschluss, Beschäftigungskontext, Stand der Kompetenzentwicklung sowie medienbezogenen Erfahrungen im Lebensverlauf. Die medienpädagogische Professionalisierung kann zum einen über informelles und selbstgesteuertes Lernen im Kontext von Selbstlernangeboten und kollegialem Austausch erfolgen. Zum anderen lassen sich digitalisierungsbezogene Themen in Studiengängen der Erwachsenen- und Weiterbildung finden, womit die individuelle Professionalisierung auf formalem Weg geschehen kann. Darin werden zwar medienpädagogisch relevante Fragestellungen thematisiert, eine umfassende Grundausbildung ist damit jedoch nicht sichergestellt. Der Blick auf die vielfältigen medienpädagogischen Weiterbildungsangebote für Erwachsenenbildnerinnen und Erwachsenenbildner zeigt, dass erst in Folge des Corona-Lockdowns verstärkt medienpädagogische Angebote verfügbar wurden.

Vor diesem Hintergrund empfiehlt Frau K. den eigenen Mitarbeiterinnen und Mitarbeitern die Nutzung von MOOCs, um die eigenen medienpädagogischen Kompetenzen auszubauen. Zudem wird ihr klar, dass es bei der Rekrutierung zukünftiger Mitarbeiterinnen und Mitarbeiter nicht zwangsläufig auf einen Studienabschluss mit medienpädagogischem Schwerpunkt, sondern auch auf die auf andere Weise erworbenen Kompetenzen sowie auf die Einstellungen des Personals ankommt. Eine weitere Erkenntnis besteht darin, digitalisierungskritische Mitarbeiterinnen und Mitarbeiter auf mögliche persönliche Hintergründe dieser kritischen Haltung anzusprechen und darauf aufbauend Wege der medienpädagogischen Professionalisierung zu empfehlen.

Fragen & Aufgaben

1. Erläutern Sie den Unterschied zwischen „Professionalität" und „individueller Professionalisierung" im Bereich der Digitalisierung anhand einer fiktiven, lehrenden Person aus der betrieblichen Weiterbildung.
2. Wie schätzen Sie den medialen Habitus Ihrer Eltern ein? Anhand welcher medienbiografischen Erfahrung würden Sie diesen als eher offen oder eher ambivalent beschreiben?
3. Bitte schauen Sie sich das „DigCompEdu CheckIn Tool" an. Welche Dimensionen medienpädagogischer Handlungskompetenz werden hier adressiert?

Tipps zum Weiterlesen

Bolten-Bühler, R. (2021). *Medialer Habitus von Lehrenden in der Erwachsenenbildung. Biografische Analysen medienpädagogischer Professionalisierung.* Bielefeld: wbv Publikation.
Das Werk verdeutlicht die zentrale Relevanz medienbezogener Erfahrungen, Einstellungen und des daraus resultierenden Habitus für die individuelle medienpädagogische Professionalisierung.

Rohs, M. (2019). Medienpädagogische Professionalisierung von Weiterbildungspersonal. In E. Haberzeth & I. Sgier (Hrsg.), *Digitalisierung und Lernen. Gestaltungsperspektiven für das professionelle Handeln in der Erwachsenenbildung und Weiterbildung (S. 119–136). Bern: HEP.*
Der Beitrag gibt einen Überblick zu aktuellen Ergebnissen der medienpädagogischen Professionalisierung in der Erwachsenen- und Weiterbildung.

Scheidig, F. (2021). Implikationen der Digitalisierung für professionelles Handeln in der Erwachsenenbildung. *Education Permanente, 2,* 41–48.
Der Beitrag gibt einen Überblick zu Auswirkungen der Digitalisierung auf pädagogische Aufgabenbereiche.

10

Weiterbildungsforschung in einer digitalisierten Welt

In diesem Kapitel werden Veränderungen in der Weiterbildungsforschung vorgestellt, die mit der Digitalisierung einhergehen. Sie werden einerseits im Bereich der Forschungsgegenstände und andererseits in neuen Möglichkeiten und Herausforderungen für Forschende sichtbar. Neben der zunehmenden Leistungsfähigkeit digitaler Infrastrukturen für Datenerhebungs-, -aufbereitungs- und -auswertungsprogramme zählen dazu vor allem neue Methoden und Strategien zur Erforschung von digitalen Phänomenen.

Lernziele

- relevante Forschungsgegenstände der Weiterbildungsforschung benennen und beschreiben können
- aktuelle technologische Entwicklungen in Bezug auf Forschungsmethoden kennenlernen
- digitale Technik als Möglichkeit zur praxisnahen Kommunikation und Transfer von Forschungsergebnissen reflektieren können

Frau K. hat selbst Pädagogik studiert und ist noch relativ frisch mit ihrer Abschlussarbeit ins Berufsleben gestartet. Sie arbeitet gerne mit Theorien und Daten. Gleichzeitig merkt sie selbst, dass sie sich in der Pragmatik des Arbeitsalltags immer mehr von den Theorien des Studiums entfernt und sie nur wenig Mehrwert für ihre Praxis in den wissenschaftlichen Beiträgen findet. Beim Alumni-Treffen ihrer Heimuniversität spricht sie ein wissenschaftlicher Mitarbeiter an, ob die Einrichtung von Frau K. für eine Untersuchung bereitstehen würde. Die interne Diskussion des Vorhabens trifft auf ein geteiltes Echo: Man habe ja schon einige Studierende im Haus gehabt, die dann Interviews geführt hätten, gebracht hätte das nie was – außer ein bisschen hübscher Außendarstellung in einem englischsprachigen Journal, das niemand liest. Eine Fortbildung oder eine strategische Bedarfsanalyse in Sachen Digitalisierung entwickeln, das müsste da schon rauskommen, damit man sich da beteilige, oder gerne etwas für das Qualitätsmanagement.

10.1 Forschungsperspektiven

Weiterbildungsforschung in einer digitalisierten Welt umfasst alle Phänomene der Bildung und des Lernens Erwachsener, die mit der Verfügbarkeit bzw. Nutzung von digitalen Infrastrukturen zusammenhängen. Das betrifft etwa die Nutzung digitaler Medien in Lehr-Lern-Interaktionen, den Einfluss digitaler Infrastrukturen auf verschiedene Branchen oder gesellschaftliche Diskussionen um strukturelle Veränderungen bspw. im Kontext von Datafizierung. Damit ist auch die erwachsenenpädagogische Digitalisierungsforschung ein Teil der Weiterbildungsforschung.

Erwachsenenpädagogische Digitalisierungsforschung ist Teil der Weiterbildungsforschung.

Definition

Forschung

„Forschung findet sowohl in besonders dafür ausgewiesenen Institutionen wie Universitäten und Forschungsinstituten als auch im Alltag statt. Während Forschung im Alltag meist unsystematisch erfolgt, [...] zeichnet sich [*wissenschaftliche* Forschung; die Verf.] dadurch aus, dass der Forschungsprozess systematisch erfolgt und reflektiert wird. Die Ergebnisse der wissenschaftlichen Forschung dienen als Datengrundlage für das praktische Handeln" (Hof & Egloff, 2022, S. 150).

Betrachtet man die Ziele von erwachsenenpädagogischer Digitalisierungsforschung, so zeigen sich drei Perspektiven, unter denen die im Kontext der Digitalisierung zutage tretenden Phänomene betrachtet werden können (Tabelle 6).

Anhand dieser drei Perspektiven wird erkennbar, dass die Erforschung digitaler Phänomene nicht ausschließlich von Forschenden bzw. von Personen betrieben wird, die im Wissenschaftssystem tätig sind. Auch Personen, die im Praxisfeld der Erwachsenen- und Weiterbildung, der Politik oder der Zivilgesellschaft aktiv sind, generieren systematisch gesammelte Daten und ergründen Wirkzusammenhänge zwischen

Als *Thinktanks* oder *Think-Tanks* (aus dem Englischen), auch „Denkfabriken", werden Institute bezeichnet, die durch Erforschung und Bewertung von politischen, sozialen und wirtschaftlichen Konzepten und Strategien Einfluss auf die öffentliche und politische Meinungsbildung nehmen.

unterschiedlichen digitalen Phänomenen und dem Lernen Erwachsener. So betreiben große Weiterbildungsanbieter teils eigene Forschungs- und Entwicklungsabteilungen oder beteiligen sich aktiv an Forschungsaktivitäten. Ebenso gibt es eine Reihe von Think-Tanks, die Beratung in Sachen Weiterbildungspolitik betreiben, so etwa die Bertelsmann-Stiftung, das mmb-Institut oder KantarPublic.

Tabelle 6
Forschungsperspektiven (Hof & Egloff, 2022)

Perspektive	**Grundlagen- und anwendungsorientierte Forschung**	**Implementierungs- und Maßnahmenforschung**	**Entwicklungs- und Orientierungsforschung**
Ziel	(Weiter-)Entwicklung von Begriffen und Theorien	Erforschung der Praxisrelevanz theoretischen Wissens	Verbesserung der erwachsenenpädagogischen Praxis
Praxisbeispiel	Systematisierung der digitalen Phänomene (s. o.)	Transfer von Medienkompetenzmodellen in die Praxis	Einführung oder Verbesserung eines Qualitätssicherungssystems für digitale Phänomene

Tabelle 7
Systematisierungsansätze bisheriger Forschung zu digitalen Phänomenen in der Erwachsenen- und Weiterbildung

Autorinnen und Autoren	**Systematisierung nach**	**Unterteilung in**
Bernhard-Skala et al. (2021)	Systemebenen der Digitalisierung und Digitalität	o Lehr-Lern-Interaktion o Weiterbildungsorganisationen und deren Umwelt o Politik
Egetenmeyer et al. (2021)	Bezugsebenen professionellen Handelns in der Digitalisierung	o Gesellschaft als Staat, Markt und Zivilgesellschaft o Dachorganisationen o Einrichtungen o Programme und Angebote o Personal, Mitwirkende und Dozierende o Teilnehmende
Kerres & Buntins (2020)	Handlungsbereiche der Digitalisierung in Bildungsorganisationen	o Angebotsgestaltung o Bildungsorganisation o Programmplanung o Politik und Strategie
Kühn & Robak (2021)	Forschungsgegenstände des Digitalen und der Digitalisierung	o Education System o Education Policy o Institutions and Organizations o Education Offers and Programs

Auch Frau K. ist in diesem Feld aktiv und konzipiert eine interne Schulung für die Mitarbeitenden ihrer Einrichtung zum Umgang mit ChatGPT (→ Kapitel 11). Dazu liest sie sich in online verfügbare Erfahrungsberichte von Kolleginnen und Kollegen, Positionspapiere von Verbänden und wissenschaftliche Literatur ein. Damit betreibt sie Entwicklungs- und Orientierungsforschung. Sie möchte herausfinden, welche Vorteile diese Software für ihre Einrichtung haben kann. Sie erhofft sich, die Arbeit effizienter gestalten zu können, indem die Beschäftigten bestimmte Routinen, wie das Formulieren von Anschreiben, durch die KI vorbereiten lassen. Dies spart nicht nur Zeit bei der Erledigung von einfachen Tätigkeiten, sondern lässt den Mitarbeitenden auch mehr Zeit für kreative Tätigkeiten.

Wie die bisherigen Kapitel dieses Lehrbuchs zeigen, sind die digitalen Phänomene sehr vielfältig. Dies führt dazu, dass nicht nur sehr viele Studien zu den jeweiligen Forschungsgegenständen entstehen, sondern dass es zudem verschiedene Ansätze gibt, um diese zu systematisieren (Tabelle 7).

Vielfalt an Systematisierungsansätze mit unterschiedlichen Schwerpunkten

Die Systematisierungsansätze wählen unterschiedliche Kategorien, um Ansatzpunkte für die Analyse digitaler Phänomene zu gruppieren. Dabei fallen sowohl breite Schnittmengen als auch spezifische Schwerpunktsetzungen auf. So adressieren Egetenmeyer et al. (2021) explizit zivilgesellschaftliche Akteure als institutionelle Rahmenbedingungen, während Kühn und Robak (2021) einen Fokus auf die Veränderungen im Erziehungs- und Bildungssystem legen.

10.2 Digitale und digitalisierte Forschungsgegenstände und -instrumente

In der Digitalisierungsforschung stehen nicht nur digitale Phänomene im Fokus. Sie nutzt auch selbst digitale Forschungsinstrumente, die die Forschung selbst zum Gegenstand macht. Durch die breite Verfügbarkeit digitaler Hard- und Software wird es möglich, digitale Abbilder von analogen Gegenständen, Prozessen und Daten zu erzeugen. Damit werden „digitalisierte" Forschungsgegenstände geschaffen (Thimm et al., 2022). &

Linktipp

In seinem „Digitalen Programmarchiv DiPa" hat das Deutsche Institut für Erwachsenenbildung – Leibniz-Zentrum für Lebenslanges Lernen ca. 4.800 Programmhefte aus 43 Volkshochschulen retrodigitalisiert, die zwischen 1957 und 2004 erstellt wurden.

→ https://ppa.die-bonn.de/#/

Zudem produziert die Nutzung digitaler Geräte permanent Daten, wodurch sich Forschende zusätzliche, sogenannte „digitale" bzw. „nativ digitale" Datenquellen erschließen. Sie können genutzt werden, um die Präsenz von digitalen Phänomenen in der menschlichen Lebenswelt zu erforschen. Dazu gehören:

Vielfalt an digitalen Datenquellen

- Analyse von Webseiten zu Hinweisen auf Organisationsentwicklung
- Erforschung bildungspolitischer Schwerpunktsetzungen politischer Akeure über deren Posts und Beiträge in sozialen Netzwerken und Messenger-Diensten (z. B. Facebook oder X (ehemals Twitter))
- Sammlung von Open Education Resources per Web-Videos (z. B. auf YouTube)
- Reflexion der Selbstoptimierung des eigenen Lebensstils mittels digitaler Sensoren in Kleidung oder Schmuckstücken (bspw. Smartwatches, Fitness-Tracker)
- Analyse des Potenzials von digitalen Spielen für den Einbau in Lehr-Lern-Interaktionen (z. B. Massively Multiplayer Online Role Playing-Games)
- Evaluation bestehender Lern-Apps zur Entwicklung eigener Konkurrenzprodukte (z. B. „www.ich-will-lernen.de" oder „Stadt | Land | DatenFluss" des DVV)
- Vergleich von Angebotsdatenbanken zur Identifizierung von medienpädagogischen Professionalisierungsangeboten (z. B. Kursfinder-App des DVV oder Datenbank KURSNET der Arbeitsagentur)

Eine Besonderheit dieser Datenquellen besteht darin, dass sie den Forschenden meist unmittelbar zugänglich sind, zu ihrer Erhebung also u. a. keine Termine für Interviews in Präsenz notwendig sind.

Wissenswert

Datenschutz

Diese Praxis führt jedoch auch dazu, dass personenbezogene Daten im Internet auffindbar und damit erhebbar sind, ohne dass die Produzierenden wissen, dass ihre Daten für Forschung genutzt werden. Vor dem Hintergrund des Rechts auf informationelle Selbstbestimmung stellt diese Konstellation eine forschungsethische Herausforderung dar.

Neben dem Spektrum verfügbarer Datenquellen erweitert sich auch das Spektrum der Methoden zur Datenerhebung. Auch hier kann zwischen digitalisierten und nativ digitalen Erhebungsmethoden unterschieden werden.

Definition

Digitalisierte Methoden

Als digitalisierte Methoden werden solche Datenerhebungsmethoden bezeichnet, die bereits vor dem Aufkommen digitaler Phänomene eingesetzt wurden und im Kontext digitaler Technologieentwicklung so angepasst wurden, dass sie über das Internet angewendet werden können.

Beispiel

Online-Gruppendiskussionen

Über Videokonferenzen lassen sich Gruppendiskussionen zwischen Personen organisieren, die räumlich weit voneinander entfernt wohnen. Im Vergleich zu ihrer analogen Variante ist sie zwar einfacher zu organisieren (keine Reisekosten, keine Raummiete, keine Verpflegung), doch entstehen aufgrund des Formats andere Gruppendynamiken (weniger Interaktion, Ablenkungen durch Geschehen abseits der Videokonferenz). Zudem bedarf es technischer Kompetenzen wie Medienkompetenzen im Umgang mit den Anwendungen.

Den digitalisierten Methoden stehen „nativ digitale" Methoden gegenüber. Diese bilden keine Variante bereits bestehender Erhebungsmethoden, sondern sind erst durch digitale Infrastrukturen möglich geworden.

Beispiel

Eyetracking

Eine Möglichkeit, um das Verhalten von Personen vor dem Bildschirm zu erforschen, während sie im Internet tätig sind, bildet die Beobachtung ihrer Augen. Dabei werden die Augenbewegungen dahingehend untersucht, auf welche Stellen des Bildschirms die Menschen bei welchen geöffneten Programmen und zu welchem Zeitpunkt schauen. Auf diese Weise lassen sich etwa die Attraktivität bestimmter Gestaltungselemente von Learning Management Systemen erforschen und die darauf aufbauenden Erkenntnisse nutzen, um deren Nutzbarkeit und Funktionalität zu verbessern.

Den Forschenden stehen zur Datenaufbereitung verschiedene Softwarelösungen zur Verfügung. Bei der Bearbeitung der erhobenen Daten zum Zweck ihrer besseren Auswertung und Nachnutzung kann Software eingesetzt werden, um große Datenmengen strukturiert zu verwalten und die Arbeitsteilung zwischen verschiedenen Forschenden zu erleichtern.

Einsatz von Software zur Datenaufbereitung und -auswertung

Diese beiden Funktionen finden sich bei Software zur Aufbereitung qualitativer sowie quantitativer Daten (Kuckartz & Rädiker, 2022; Lück und Landrock, 2022). In beiden Fällen können Daten aus digitalisierten bzw. nativ digitalen Forschungszugängen in einem einheitlichen Format hinterlegt und auf Fehler oder fehlende Informationen überprüft werden. Zudem wird der Einbau von Meta-Informationen (Erhebungszeitpunkt, Besonderheiten im Datensatz usw.) ermöglicht. Dies verbessert die Möglichkeit, dass auch Personen, die die Daten selbst nicht erhoben haben, aber die Datenauswertung übernehmen, wichtige Kontextinformationen für die Analyse nutzen können. Die Unterstützung der arbeitsteiligen Forschung erfolgt über spezifische Funktionen, in denen die Gesamtdaten oder Teile davon über ein standardisiertes Dateiformat exportiert und importiert werden können. Auf diese Weise können nicht nur die Daten selbst ausgetauscht werden, sondern auch Analyseergebnisse verglichen werden. Aus diesem Grund sind diese Programme sowohl im Forschungsschritt der Datenaufbereitung als auch der Datenauswertung weit verbreitet.

Linktipp

Eine Übersicht zu verschiedenen Softwarelösungen für die Datenaufbereitung und Datenauswertung von qualitativen und quantitativen Daten findet sich unter folgenden Adressen:

Überblick zu aktueller QDA-Software (Wikipedia, Stand 2023): → https://t1p.de/c58cj

Überblick zu aktueller Statistik-Software (Wikipedia, Stand 2023): → https://t1p.de/nmchk

Auch in der Datenauswertung lässt sich zwischen digitalisierten und nativ digitalen Analyseverfahren unterscheiden.

Basierend auf den genannten Softwarelösungen lassen sich u. a. Softwarelösungen im Hinblick auf bestimmte Kriterien wie die Existenz verschiedener Schlagwörter untersuchen. Mit dieser Auswertungsmethode, die sowohl automatisiert als auch manuell genutzt werden kann, können große Datenmengen in kurzer Zeit systematisch untersucht werden. Limitiert ist dies jedoch dahingehend, dass zum jetzigen Zeitpunkt (September 2023) keine rekonstruktiven Analysen möglich sind, also keine Sinnebenen herausgearbeitet werden können, die sich jenseits der Textebene befinden. Daher bieten sich solche Verfahren vor allem dann an, wenn der Schwerpunkt der Untersuchung auf der systematischen quantitativen Erfassung eines Phänomens und weniger auf der interpretativen Auseinandersetzung mit diesem liegt.

10.3 Transfer zwischen Wissenschaft und Praxis

Transfer als zunehmende Erwartung an Forschung

Die Forschung steht zunehmend vor der Anforderung, dass die von ihr generierten Ergebnisse in Gesellschaft, Praxis und Politik sichtbaren Nutzen erzeugen. Mit den Erfahrungen der Praxis angesichts unzureichender Digitalisierung, die insbesondere aus der Corona-Pandemie erwachsen sind, und mit Blick auf die Forderungen von Seiten der Politik nach größerer Praxistauglichkeit der Forschung haben Fragen rund um die Digitalisierung einmal mehr Nachdruck erhalten. Digitalisierung ist so zum Leitbegriff wie Gegenstand von Innovationen in der Bildungspraxis geworden, die durch den Wissenstransfer zwischen Wissenschaft und Praxis vorangetrieben werden soll.

Gerade mit Blick auf Digitalisierung als Forschungsgegenstand sind einige Ansätze und Strategien entstanden und weiterentwickelt worden, die darauf zielen, die Forschungsentscheidungen unter Einbezug des Praxisfeldes zu treffen. Zu nennen sind hier etwa

- die gestaltungsorientierte Bildungsforschung (Preußler et al., 2014),
- die Implementationsforschung (Schrader et al., 2020),
- die Handlungsforschung und
- der Design-Based-Research-Ansatz (Reinmann, 2005).

Gemeinsam ist diesen Ansätzen, dass sie Wissenstransfer nicht als eine Aktivität am Ende des Forschungsprozesses, sondern als eine andauernde und geplante Aktivi-

10

tät definieren, die von Beginn des Forschungsprozesses an kommunikativ mit der Praxis gemeinsam angebahnt wird. Jedoch räumen sie den Praxisakteuren jeweils unterschiedliche Einflussmöglichkeiten auf die strategischen Entscheidungen der Forschungsakteure ein. Die Handlungsforschung etwa versteht sich im Forschungsprozess auf Augenhöhe mit den Beforschten und verfolgt den Anspruch, Forschungsentscheidungen über die Definition einer Forschungsfrage wie auch Entscheidungen über Erhebung und Interpretation von Daten im Dialog auf Augenhöhe mit der Praxis zu treffen. Die Implementationsforschung hingegen betont stärker die Kriterien wissenschaftlicher Evidenz. Sie geht zwar von Praxisproblemen aus, die sie mit der Praxis gemeinsam definiert, sieht aber die Entscheidung über Erhebungsinstrumente und die Interpretation von Daten sehr viel stärker bei den Forschenden, als es die Handlungsforschung tut.

Wegweiser Forschung

Design-Based Research

Der Design-Based-Research-Ansatz setzt sich zum Ziel, Praxisprobleme des Lehrens und Lernens mit digitalen Medien zu lösen und dies mit Forschung zu verbinden. Dazu entwickeln Forschende auf Basis aktueller Forschungsergebnisse eine Bildungsintervention (Design). Diese wird in mehreren Zyklen in enger Kooperation mit der Praxis erprobt sowie theoriegeleitet evaluiert, angepasst und verändert. Durch die ständige Erhebung von Daten, die Rückkopplung mit Theorie sowie den Dialog mit der Praxis wird das Design so nicht nur praxisrelevant weiterentwickelt, sondern auch mit theoretischer und empirischer Forschung verwoben (Reinmann, 2005).

In dem Bewusstsein, dass Wissenstransferprozesse nicht durch die lineare Übertragung von Wissen oder Erkenntnissen aus der Wissenschaft in die Praxis erfolgen, sondern nur über komplexe wechselseitige Kommunikationsprozesse erfolgreich gestaltet werden kann, rückt digitale Technologie als Kommunikationsmittel zwischen den Akteuren in den Vordergrund.

Eine primäre Dimension des Wissenstransfers ist die einseitige Kommunikation von Ergebnissen der Wissenschaft in die Praxis (Wissenschaftsrat, 2016). Diese Art der Wissenschaftskommunikation erfolgt zunehmend digital über Webseiten von Wissenschaftsinstitutionen, über Newsletter sowie Social-Media-Kanäle, aber auch in klassischen praxisnahen Zeitschriften. Auch diese Zeitschriften und Magazine verfügen inzwischen mehrheitlich über Digitalisierungsstrategien und stellen ihre Inhalte leicht auffindbar und teils zum freien Download im Internet bereit.

Professionalisierungsbedarf im Bereich der Wissenschaftskommunikation

Aufgrund der großen Bedeutung der Wissenschaftskommunikation hat sich ein eigener professioneller Bereich mit entsprechenden wissenschaftsjournalistischen Studiengängen etabliert. Wissenschaftlerinnen und Wissenschaftler sind in der Regel nicht auf die journalistische Aufbereitung ihrer Forschungsergebnisse vorbereitet, können hier aber Zusatzqualifikationen und Medienkompetenzen erwerben oder diese Aufgabe an dafür qualifizierte Personen abgeben.

Beispiel

Lehrvideoportal ZEBO

Im Lehrvideoportal des Zentrums für pädagogische Berufsgruppen- und Organisationsforschung (ZEBO) an der FernUniversität Hagen finden Studierende und wissenschaftlich Interessierte eine große Anzahl von Videos, in denen Expertinnen und Experten ihre Forschungsfelder und zentrale Fragestellungen vorstellen und diese methodisch einordnen.

Lehrvideoportal – FernUniversität in Hagen (fernuni-hagen.de)

Zunehmender Austausch zwischen Wissenschaft und Praxis

Gleichzeitig wird mittels digitaler Technik nicht nur die einseitige Bereitstellung wissenschaftlichen Wissens für die Praxis, sondern auch die schnelle, barrierearme beidseitige Kommunikation zwischen Wissenschaft und Praxis ermöglicht. Auf Online-Plattformen, in Datenbanken und Online-Portalen werden etwa didaktische Handreichungen, Lernvideos und Open Educational Ressources (z. B. Konzepte, Methoden und Handreichungen) aus der Praxis gesammelt und der Wissenschaft bzw. der gesamten Gesellschaft zugänglich gemacht.

10.4 Zusammenfassung

Weiterbildungsforschung in einer digitalisierten Welt umfasst alle Aspekte und Prozesse der Bildung und des Lernens Erwachsener, die mit der Verfügbarkeit bzw. Nutzung von digitalen Infrastrukturen zusammenhängen. Sie kann von unterschiedlichen Personenkreisen aus diversen Forschungsperspektiven durchgeführt werden. Dazu steht ein breites Spektrum an digitalisierten und nativ digitalen Methoden für die Datenerhebung, -aufbereitung und -auswertung zur Verfügung. Mit ihnen bieten sich den Forschenden neue, veränderte Möglichkeiten, zu Erkenntnissen zu gelangen. Deren Chancen und Grenzen gilt es im konkreten Anwendungsfall zu reflektieren. Dies gilt auch für die neuen Möglichkeiten des Transfers von wissenschaftlichem Wissen in die Praxis und die Gestaltung von Wissenstransferprozessen in Forschungsprojekten gemeinsam mit der Praxis. Portale und Online-Plattformen sind dabei zunehmend verbreitete Möglichkeiten, in denen sich auch die wissenschaftlich interessierte Praxis einbringen kann.

Für Frau K. eröffnen sich hier viele Gelegenheiten, um für die eigene Organisation wichtige Impulse aus der Wissenschaft zu erhalten und gleichzeitig praktisches Wissen in Forschungsprozesse miteinzubringen. In diesem Sinn überzeugt sie einige Mitarbeiterinnen und Mitarbeiter, dass die Beteiligung an Forschung wichtig ist, und sucht aktiv den Kontakt zu Forschungsinstituten, um an laufenden Forschungsprojekten teilzunehmen. Zudem berät sie mit Kolleginnen und Kollegen aus anderen Weiterbildungseinrichtungen, welche der Informationen, die von der Wissenschaft bereitgestellt werden, für die Digitalisierung der Erwachsenen- und Weiterbildung sinnvoll sind und welche an den Bedarfen der Praxis vorbeigehen.

Fragen & Aufgaben

1. Frau K. arbeitet mit dem Deutschen Institut für Erwachsenenbildung – Leibniz-Zentrum für Lebenslanges Lernen in einem Projekt zusammen, das sich mit dem Transfer von wissenschaftlichen Erkenntnissen zur digitalen Transformation von pädagogischen Organisationen in die Praxis beschäftigt. Beschreiben Sie die in Tabelle 6 genannten Forschungsperspektiven in eigenen Worten, ordnen Sie den Fall von Frau K. einer Forschungsperspektive zu und begründen Sie Ihre Zuordnung!
2. Welche digitalisierten Datenerhebungsmethoden kennen Sie? An welchen Formaten haben Sie teilgenommen? Welche Methoden aktiv selbst genutzt?
   Beschreiben Sie Ihre Erfahrungen und diskutieren Sie Vor- und Nachteile gegenüber ihren analogen Varianten.
3. Recherchieren Sie drei Beispiele digitaler Wissenschaftskommunikation in Social Media. Was wird dort diskutiert? Welche Reaktionen gibt es seitens der Praxis? Was lernen Sie dabei über die Herausforderungen der Praxis?

Tipps zum Weiterlesen

Hof, C. & Egloff, B. (2022). *Handeln und Forschen in der Erwachsenen- und Weiterbildung*. Bielefeld: wbv Publikation.

Das Werk führt in grundlegende Begriffe ein und klärt das Verhältnis von Forschen und Handeln in Wissenschaft und Praxis.

Thimm, C., Nehls, P. & Peters, Y. (2022). Digitale Methoden im Überblick. In N. Baur & J. Blasius (Hrsg.), *Handbuch Methoden der empirischen Sozialforschung* (3. Auflage) (S. 1267–1283). Wiesbaden: Springer.

Der Sammelbandbeitrag gibt einen grundlegenden Überblick zu Forschungsgegenständen und -methoden im Kontext digitaler Phänomene.

Bernhard-Skala, C., Bolten, R., Koller, J., Rohs, M. & Wahl, J. (Hrsg.) (2021). Perspektiven Erwachsenenpädagogischer Digitalisierungsforschung. Bielefeld: wbv Publikation.

Der Sammelband gibt einen Überblick zu aktuellen Forschungsgegenständen, -methoden und -ergebnissen zum Feld der Weiterbildungsforschung in einer digitalisierten Welt.

11

Perspektiven der Digitalisierung in der Erwachsenen- und Weiterbildung

In diesem Kapitel werden aktuelle Phänomene der Digitalisierung aufgegriffen, deren Auswirkungen auf die Erwachsenen- und Weiterbildung aktuell noch nicht abzusehen sind. Darüber hinaus wird darauf eingegangen, welche Informations- und Orientierungsmöglichkeiten für operatives und strategisches Handeln im Kontext der Digitalisierung möglich sind.

Lernziele

- Aktuelle Phänomene und Auswirkungen der Digitalisierung auf den Bereich der Erwachsenen- und Weiterbildung kennenlernen
- Sensibilität für zukünftig relevante Fragen entwickeln können

Während ihrer Recherchen ist Frau K. immer wieder auf interessante Entwicklungen gestoßen. Wann und ob diese Entwicklungen jemals in der Erwachsenen- und Weiterbildung ankommen werden, ist für sie schwer abzuschätzen. Handelt es sich tatsächlich um zukunftsweisende Technologien oder ist es nur ein vorübergehender Hype? Der Austausch mit Expertinnen und Experten aus der Praxis und Wissenschaftlerinnen und Wissenschaftlern hat ihr sehr geholfen, die Potenziale, aber auch Risiken der Entwicklung abzuschätzen. Um rechtzeitig auf Trends aufmerksam zu werden, hat sie einige Blogs und Zeitschriften abonniert und tauscht sich regelmäßig mit der Online-Community aus.

11.1 Trends und Zukunftsforschung

Die gesellschaftlichen Veränderungen, die durch die Digitalisierung hervorgerufen werden, sind durch technologische Entwicklungen begründet, welche durch die Informatik und ihre Anwendungsbereiche vorangetrieben werden. Die Folgen technologischer Entwicklungen sind dabei bezüglich ihrer Wirkung und des Zeitraums, in dem sie sich durchsetzen, schwer abzuschätzen. Nicht jede technologische Innovation wird unmittelbar akzeptiert und findet Verbreitung, manche sogar nie. Selbst an das Potenzial von Telefon, Fernseher, Flugzeugen oder des Internets glaubten anfangs nicht alle.

Bill Gates, der 1975 Microsoft gründete, glaubte bis in die 1990er Jahre noch nicht an die disruptive Wirkung und wirtschaftliche Bedeutung des Internets (Gates, 1996).

Da Innovationen, insbesondere technische Innovationen, immer weniger Zeit benötigen, bis sie sich verbreiten, ist es schwieriger geworden, die Folgen technologischer Entwicklungen abzuschätzen. Ein Vergleich der Innovationsgeschwindigkeit zwischen verschiedenen Technologien zeigt die hohe Dynamik. Während das Telefon ca. 75 Jahre brauchte, hatte die KI ChatGPT bereits nach 5 Tagen 50 Millionen Nutzende (Abbildung 12).

Zeit, bis 50 Mio. Nutzerinnen und Nutzer erreicht werden						
Telefon	Radio	Fernseher	Computer	Handy	Internet	YouTube
75 Jahre	38 Jahre	22 Jahre	14 Jahre	12 Jahre	7 Jahre	4 Jahre
Netflix	Facebook	X (ehemals Twitter)	Spotify	Instagram	PokemonGo	ChatGPT
3,5 Jahre	3 Jahr	1 Jahr	5 Monate	2,5 Monate	19 Tage	5 Tage

Abbildung 12: Nutzendenzahlen für ausgewählte technische Innovationen (eigene Darstellung) (Quelle: https://www.facebook.com/Intelligenes/photos/a.133298489686/10157256860189687/?type=3) (Bildquelle: https://www.flaticon.com/)

Die Gründe dafür liegen nicht nur in der Technologie selbst, d. h. in ihrer Verfügbarkeit und den Kosten, sondern auch in den Werten und Normen der Gesellschaft, in der die Nutzerinnen und Nutzer leben. Folglich werden Innovationen sehr ungleich adaptiert. Das betrifft nicht nur die weltweite Verbreitung, sondern auch die Verbreitung innerhalb eines Landes.

Technologische Innovationen werden in der Bevölkerung unterschiedlich angenommen.

Das „Innovation-Need-Paradoxon“ besagt, dass diejenigen in einem sozialen System, die die Vorteile einer technologischen Innovation am dringendsten benötigen (das sind in der Regel die weniger Gebildeten, die weniger Wohlhabenden u. a.), im Allgemeinen die Letzten sind, die diese Innovation annehmen (Rogers, 1983, S. 263). Es gibt aber immer auch die sogenannten „Early Adopters“ bzw. „Pioniere“, die „Progressiven Anwender“ und „Technik-Enthusiasten“, welche solche Innovationen sehr früh für sich nutzen. Im Rahmen des „D21 Digital Index“ werden ca. 44 Prozent der Bevölkerung den Digitalen Vorreiterinnen und Vorreitern zugerechnet (Initiative D21a, 2021, S. 2).

Nach dem „Hype-Cycle“ des Beratungsunternehmens Gartner durchlaufen technologische Innovationen fünf Phasen, bis sie produktiv werden (Abbildung 13). Dabei ist zunächst ein starkes Wachstum zu verzeichnen, während dessen die Erwartungshaltungen einen Höhepunkt erreichen. Nach diesem Höhepunkt erfolgt eine realistische Abschätzung der Möglichkeiten und Grenzen der Technologie, die zu einem starken Rückgang der Erwartungen führt und schließlich zu einer realistischen Einschätzung der Innovationspotenziale.

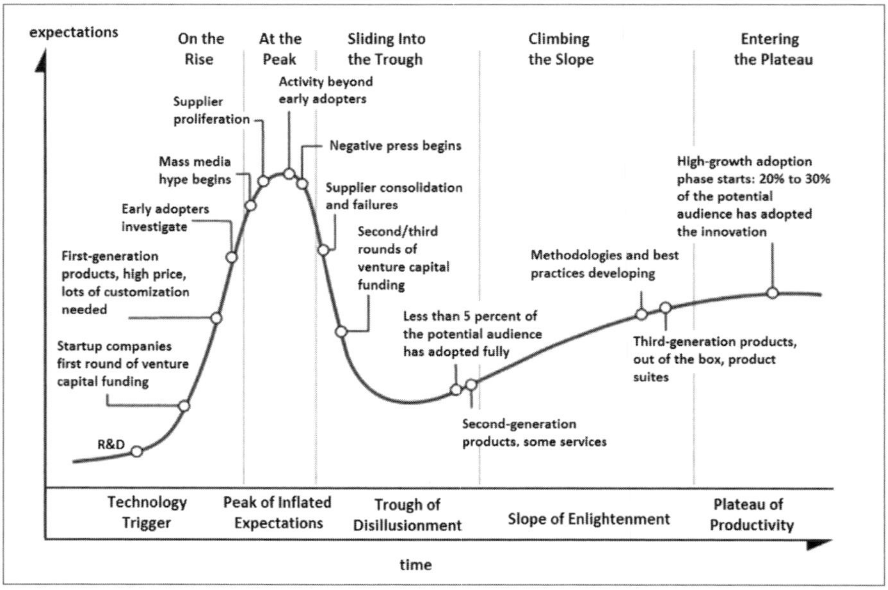

Abbildung 13: Gartner Hype Cycle (Quelle: https://commons.wikimedia.org/wiki/File:Hype-Cycle-General.png) CC-BY-SA 3.0

Auch einzelne Bildungstechnologien lassen sich diesen Phasen zuordnen, wobei die Einordnung des Status aktueller Technologien sich nur bedingt abschätzen lässt, da sie auf Prognosen der Reife und zukünftigen Entwicklung basiert. Dennoch ist das Modell hilfreich, um die Entwicklung von Innovationen grundsätzlich zu verstehen, sowie Abschätzungen zum Status für einzelne bildungstechnologische Innovationen vornehmen zu können.

Im Horizon-Report werden Prognosen über technologische Entwicklung im Bildungsbereich veröffentlicht.

Solche und ähnliche Prognosen über die Entwicklung von EdTech werden regelmäßig publiziert. Vertrauenswürdige Untersuchungen legen dabei das methodische Vorgehen offen, so dass die Qualität der Befragung eingeschätzt werden kann. Für den Bildungsbereich ist der „Horizon-Report“ der US-amerikanischen Non-Profit-Organisation EDUCAUSE aufschlussreich. Allerdings fokussiert dieser Trendbericht weder auf Deutschland noch auf den Weiterbildungsbereich. Dennoch gibt er einen Einblick in aktuelle Trends der Entwicklung digitaler Medien im Bildungsbereich. Die besondere Qualität der Berichte liegt dabei sowohl in ihrer Aktualität als auch der Nachverfolgbarkeit der Einschätzungen über viele Jahre.

Im Bericht des Jahres 2022 wurde explizit auf Künstliche Intelligenz, Big Data und Cybersicherheit geschaut (Educause, 2022).

Linktipp

Grundlage für die Prognosen der EDUCAUSE Horizon Reports sind Delphi-Befragungen, d. h. Meinungsumfragen bei Expertinnen und Experten für vorgegebene Zeiträume.

→ https://www.educause.edu/

Für den deutschsprachigen Weiterbildungsbereich führt das mmb seit vielen Jahren eine Trendbefragung durch. Das mmb ist ein privates, unabhängiges Forschungs- und Beratungsinstitut, das 1996 als „Michel Medienforschung und Beratung“ gegründet wurde.

Linktipp

mmb Trendmonitor

Der mmb Trendmonitor veröffentlicht jährlich die Ergebnisse einer Delphi-Befragung von Expertinnen und Experten aus dem E-Learning-Bereich. Neben der Abfrage der Entwicklung von E-Learning-Anwendungen werden dabei immer auch spezifische Schwerpunkte gelegt. Der Fokus liegt dabei auf dem Bereich der betrieblichen Weiterbildung.

→ https://www.mmb-institut.de/mmb-monitor/mmb-trendmonitor/

Rückblickend zeigt sich, dass die Prognosen nur begrenzt verlässlich und damit nur bedingt für eine strategische Planung hilfreich sind. Dennoch bieten sie eine wichtige Grundlage zur Abschätzung aktueller Trends, die jedoch mit den individuellen Anforderungen sowie Adaptionsgeschwindigkeiten der eigenen Organisation in Verbindung gebracht werden müssen.

11.2 Technologische Entwicklungen

Eine Vorhersage zu machen, wie wir in Zukunft in der Erwachsenen- und Weiterbildung lehren und lernen, ist aus den oben genannten Gründen schwierig. Gleichwohl gibt es einige Entwicklungen, die für den Bildungsbereich von Bedeutung sein werden. Diese können hier nicht umfassend dargestellt werden. Exemplarisch werden im Folgenden aktuelle Entwicklungen in drei Bereichen herausgegriffen:

- die Datafizierung,
- die Künstliche Intelligenz und
- immersive Technologien.

Datafizierung

An verschiedenen Stellen des Lehrbuchs ist schon auf die Rolle von Daten im Konzept der Digitalisierung eingegangen worden. Sie bilden eine wesentliche Grundlage für Digitalisierungsprozesse. Daten entstehen durch die Digitalisierung vieler Lebensbereiche heute in großem Umfang. So kann jede Person während der Nutzung des Smartphones unbewusst eine Fülle von Daten hinterlassen: zu den genutzten Anwendungen, den besuchten Webseiten, dem Standort oder auch der Nutzungsdauer verschiedener Anwendungen. Wir hinterlassen unsere digitalen Spuren, englisch auch „digital traces“ oder „digital footprints“.

Mit jeder Bewegung im digitalen Raum hinterlassen wir Spuren.

Nicht nur durch das Aufrufen von Informationsinhalten im Internet, sondern bei allen Aktivitäten im digitalen Raum (Online-Bezahlsysteme, Online-Kommunikation, Online-Navigation etc.) hinterlassen Nutzerinnen und Nutzer digitale Spuren, die erfasst („data tracking“) und ausgewertet werden können („data analytics“). Damit ist von Seiten der Internetkonzerne die Absicht verbunden, umfangreiche individuelle Profile der Nutzerinnen und Nutzern zu erstellen oder die entsprechenden Datensätze miteinander zu verbinden (*Big Data*). Auf dieser Datengrundlage werden dann statistische Korrelationen erwartbaren, zukünftigen Verhaltens berechnet. Im Zusammenhang mit der Erfassung, Speicherung und Auswertung personenbezogener Daten und damit verbundener sozialer Prozesse wird von „Datafizierung“ gesprochen.

Mit Datafizierung sind Potenziale und Risiken für die Weiterbildung verbunden.

Welche Bedeutung haben die Datafizierung und die ihr zugrundeliegenden technischen Verfahren für die Erwachsenen- und Weiterbildung? Einerseits ergibt sich daraus die Notwendigkeit von Weiterbildungsangeboten. Zum einen im Sinne der Aufklärung über Folgen der Datafizierung und Möglichkeiten des Datenschutzes, zum anderen zur beruflichen Qualifizierung, um den Fachkräftebedarf in diesem wirtschaftlich wichtigen Entwicklungsbereich zu decken. Andererseits sind die Anwendungen selbst für den Weiterbildungsbereich von Interesse, z. B. für Weiterbildungsanbieter, um relevante Zielgruppen mit geeigneten Werbemaßnahmen zu erreichen, über Lernverläufe von Teilnehmenden Beratungs- und Unterstützungsbedarfe zu identifizieren oder ihnen geeignete Lernwege vorzuschlagen. Aber auch für die Politik ist der Rückgriff auf Daten von Lernenden und Weiterbildungseinrichtungen von Bedeutung, um daraus Maßnahmen der Bildungssteuerung abzuleiten. Damit sind aber nicht nur Chancen, sondern auch Risiken, wie z. B. ein zunehmender Einfluss der EdTech-Akteure, verbunden (Hartong & Förschler, 2020).

Künstliche Intelligenz

Künstliche Intelligenz (KI) ist ein Schlagwort, das seit einigen Jahren auch im Bildungsbereich neue Hoffnungen weckt. Künstliche Intelligenz steht für „ein Teilgebiet der Informatik und zielt auf die Entwicklung von intelligenten Systemen ab. Diese Systeme sollen in der Lage sein, komplexe Probleme eigenständig zu bearbeiten bzw. zu lösen" (Damberger, 2022, S. 577).

Künstliche Intelligenz basiert auf Algorithmen, dabei lernt die KI selbständig oder durch ein gesteuertes Training. Grundlage dafür sind große Mengen an Daten, welche als Wissensressource dienen. Aufgrund des Algorithmus oder der verwendeten Trainingsdaten können die Ergebnisse einer KI ethisch fragwürdig sein, wenn sie bspw. Personengruppen benachteiligen. Vor diesem Hintergrund haben sich Vertreterinnen und Vertretern aus Wissenschaft, Praxis und Politik aus über 100 Staaten auf ethische Maßstäbe bei der Nutzung von KI im Bildungsbereich verständigt (UNESCO, 2019).

Ein Algorithmus ist eine formale Handlungsanweisung, die zur Lösung eines Problems führt.

Auch im Bildungsbereich wirft KI ethische Fragen auf.

Potenziale und Risiken werden kontrovers diskutiert. In der Erhebung des mmb learning delphi 2019/20 traute nur eine Minderheit der befragten Expertinnen und Experten der Künstlichen Intelligenz ein „disruptives Potenzial" in der Erwachsenen- und Weiterbildung zu (mmb-Institut, 2020, S. 3).

Dennoch werden diese auf Mustererkennung beruhenden Verfahren auch bereits im Bildungsbereich angewandt. Verbreitung findet KI hier z. B. bei Chatbots, welche einfache Fragen von Lernenden beantworten können.

Beispiel

ChatGPT

ChatGPT ist ein KI-Chatbot des US-amerikanischen Unternehmens OpenAI, der am 30.11.2022 öffentlich zugänglich gemacht wurde. Bereits nach zwei Monaten meldeten sich über 100 Mio. Nutzer und Nutzerinnen bei dem Dienst an. Chat GPT kann sowohl Fragen beantworten als auch Texte generieren, zusammenfassen oder übersetzen. Aufgrund der Einfachheit der Nutzung und der hohen Qualität der Ergebnisse hat die Anwendung auch Auswirkungen auf den Bildungsbereich. So werden insbesondere die Möglichkeiten des Betrugs mittels ChatGPT diskutiert.

→ https://de.wikipedia.org/wiki/ChatGPT

Eine Anwendung von KI in der Weiterbildung sind Learning Analytics.

Die Anwendungsbereiche von KI im Bildungsbereich gehen aber noch sehr viel weiter. Neben Feedback und der Erstellung von Lehrinhalten werden die Potenziale im Bereich des individualisierten Lernens gesehen. Entsprechende Ansätze werden als „Learning Analytics" bezeichnet. Sie gehen über einfache adaptive Lerntechnologien hinaus, indem sie das Verhalten von Lernenden bei der Bearbeitung von Aufgaben auswerten, um Muster von erfolgreichen Lernenden zu identifizieren (Kerres et al., 2023).

Definition

Learning Analytics

Als Learning Analytics wird eine Methode bezeichnet, bei der Daten über Lernende und deren Interaktionen mit digitalen Lernumgebungen analysiert werden, um Erkenntnisse über deren Lernprozesse und -ergebnisse zu gewinnen und für deren Optimierung zu nutzen.

Wie bei allen KI-Anwendungen stellen sich aber auch bei Learning Analytics ethische Fragen u. a. nach der Generierung von Nutzerdaten und der Verwendung möglicher falscher Ergebnisse.

Darauf aufbauend können die Systeme anderen Lernenden Empfehlungen anbieten, welche Lernstrategien erfolgreich sind oder solche Lerninhalte oder Lernschritte anbieten, welche eine hohe Erfolgswahrscheinlichkeit aufweisen.

Studien zur Wirkung entsprechender Systeme zeigen allerdings kaum Vorteile gegenüber traditionellem Unterricht (Kulik & Fletcher, 2016). Aktuelle Meta-Analysen ziehen jedoch den Schluss, dass die Anwendungen das Potenzial von KI noch nicht ausnutzen und viele noch in der Versuchsphase sind (Kabudi et al., 2021). Grundsätzlich sind bei dem Einatz der didaktische Nutzen (Kerres et al., 2023) sowie der Datenschutz zu berücksichtigen (Selwyn, 2019).

Immersive Technologien

Der französische Stummfilm von Auguste und Louis Lumière stammt aus dem Jahr 1895/96.

Als die Bilder laufen lernten und allerorts Kinos eröffnet wurden, entstand der Mythos, dass die Zuschauer etwa bei dem Film „Die Ankunft des Zuges auf dem Bahnhof La Ciotat" Angst bekamen, sie könnten überfahren werden, und in Panik verfallen sind. Sie waren vollständig in die Bildwelt des Films eingetaucht. Durch die Nutzung Virtueller Realitäten („virtual reality", auch VR) wird der gleiche Effekt angestrebt. Dabei kann durch die Nutzung von VR-Headsets bzw. Head-Mounted-Displays der Grad der Immersion durch dreidimensionale Visualisierungen verstärkt werden. Zudem können durch Handsteuerungen oder Datenhandschuhe auch Bewegungen simuliert sowie taktiles und haptisches Feedback gegeben werden.

Definition

Immersion

Der Begriff beschreibt im Zusammenhang mit digitalen Technologien den Effekt, dass bei der Nutzung künstlicher bzw. virtueller Welten diese als real wahrgenommen bzw. empfunden werden. Der Grad der Immersion kann durch die Gestaltung der künstlichen bzw. virtuellen Lernumgebung beeinflusst werden.

immersio (lateinisch) bedeutet: eintauchen oder einbetten

Im Gegensatz zu virtuellen Realitäten, bei denen man sich vollständig in einer virtuellen Welt bewegt, kann bei der Nutzung von Spezialbrillen oder Smartphones u. ä. das Sichtfeld auf die reale Umgebung mit erweiterten Informationen überlagert werden. In diesem Fall wird von „Augmented Reality" (AR), also einer erweiterten Realität gesprochen.

Es gibt zahlreiche Beispiele für die Anwendung von AR und VR im Bildungsbereich, wobei es sich zumeist um Spezialbereiche handelt. Didaktische Bedeutung haben virtuelle Welten dort, wo sie Erfahrungsmöglichkeiten bieten, die in der realen Welt aufgrund der damit verbundenen Risiken oder ihrer Verfügbarkeit nicht möglich sind, so z. B. bei Flugsimulationen, chirurgischen Operationen oder bei Darstellungen der Vergangenheit. Dabei sind die körperlichen Erfahrungen jedoch nur bedingt mit denen in der realen Welt gleichzusetzen.

Wissenswert

Im Jahr 2003 begann die Entwicklung des Metaversums „Second Life", welches das Ziel hat, die gesamte Welt virtuell abzubilden. Auch wenn die Anwendung zahlreiche registrierte Benutzerkonten hatte und auch von Bildungsanbietern genutzt wurde, konnte sie sich nicht durchsetzen. Ein Problem für den Einsatz in der Lehre stellten dabei auch die hohen technischen Anforderungen der Anwendung dar (Müller & Leidl, 2007).

Definition

Metaversum (Metaverse)

Dabei handelt es sich um eine immersive simulierte 3D-Welt, in der sich verschiedene Nutzerinnen und Nutzer in Echtzeit bewegen und miteinander interagieren können. Das Metaversum ist dabei persistent, d. h. es besteht auch weiter, wenn einzelne Nutzerinnen und Nutzer nicht mehr anwesend sind. Es wird auch als nächste Stufe des Internets gesehen.

Vorangetrieben durch IT-Konzerne erfährt die Idee des Metaverse heute eine Renaissance. Auch für den Bildungsbereich wird es als wichtiger Trend gesehen (Zhang et al., 2022), der durch die Corona-Pandemie und die damit verbundenen Kontaktbeschränkungen neuen Auftrieb erhalten hat. Im Metaverse, welches nicht nur eine Lernumgebung sein kann, bewegen sich die Nutzerinnen und Nutzer als Avatare und können, wie in der Echtwelt, zwischen verschiedenen Orten und Handlungen bzw. zwischen Lernen, Arbeiten und Freizeit wechseln.

Beispiel

Medizin

Für die Aus- und Weiterbildung im Bereich der minimal-invasiven Chirurgie (MIC) müssen Chirurgen die notwendigen Handgriffe üben, bevor die Operation zum ersten Mal mit einem Patienten durchgeführt wird. MIC erfordert besondere psychomotorische Fähigkeiten, die Möglichkeit des Trainings an Tiermodellen ist aber nur eingeschränkt möglich. „Vorteilhaft am Konzept der virtuellen Laparoskopiesimulation sind ihre Anwenderzentriertheit, die beliebige Wiederholbarkeit von Übungen bzw. operativen Prozeduren und das unmittelbare objektive Feedback der Kennzahlen (metrics) zu Operationszeit, Bewegungsökonomie und Fehlern" (Kneist et al., 2011).

→ https://www.bdc.de/virtuelles-laparoskopietraining-in-der-chirurgischen-weiterbildung-spielerei-oder-curriculare-notwendigkeit/

11.3 Ausblick

Entwicklungen im Bereich des Lehrens und Lernens in der Digitalität sind schwer abzuschätzen. Das Beispiel der MOOCs zeigt deutlich, dass sich einzelne Ansätze sehr schnell und unvorhergesehen entwickeln und auch schnell wieder an Bedeutung verlieren können. Neue technologische Anwendungsmöglichkeiten werden dabei schnell zum Trend erklärt und mit großen Potenzialen und Hoffnungen bedacht, ohne dass deren pädagogische Sinnhaftigkeit und Notwendigkeit wissenschaftlich geprüft wurde. Dabei spielen auch wirtschaftliche Interessen eine Rolle, denn der Bildungsbereich ist zunehmend auch ein Markt für Unternehmen. Auch die Folgen des Einsatzes der Lehr-Lern-Technologien lassen sich oft nur begrenzt prognostizieren. Aufgrund der Innovationsgeschwindigkeit sowie ihrer Durchdringung in der Bildungspraxis bleibt in der Regel zu wenig Zeit zur empirischen Untersuchung und zum wissenschaftlich fundierten und reflektierten Diskurs. Die Vorteile (z. B. besserer Zugang zu Bildung) sind dabei oft auch mit Nachteilen (z. B. gleichbleibende oder verstärkte Ungleichheit der Nutzung) verbunden. Die Vor- und Nachteile sind dabei ethisch zu bewerten: Darf eine Anwendung eingesetzt werden, wenn sie besser funktioniert als andere, aber einen schlechten Datenschutz bietet? Insbesondere die schnelle Entwicklung von KI-Anwendungen für den Bildungsbereich wird – wie alle neuen Technologien bisher – die Notwendigkeit der Abwägung von Chancen und Risiken in Bezug auf die pädagogischen Herausforderungen der Gegenwart und Zukunft mit sich bringen.

Durch dieses Wissen um zukünftige Entwicklungen ist sich Frau K. sicher, dass sie für ihre Evaluation genügend Zukunftsthemen für ihre Einrichtung aufzeigen kann, die ihre Weiterbeschäftigung rechtfertigen werden.

Fragen & Aufgaben

1. Machen Sie ein Gedankenexperiment: Überlegen Sie sich ein relevantes Problem aus dem Bereich der Erwachsenen- und Weiterbildung. Was müsste eine technologische Lösung können, um dieses Problem zu lösen oder zumindest zur Lösung beizutragen?
2. Überlegen Sie, wie sich einzelne Bildungstechnologien in Ihrer Bildungsbiografie entwickelt haben. Welche haben Sie früher genutzt, welche nutzen Sie jetzt? Was waren Vor- und Nachteile? Wie haben sich die Technologien weiterentwickelt? Welche gibt es heute nicht mehr? Was sind die Ursachen dafür?
3. Suchen Sie sich eine Technologie aus dem EDUCAUSE Horizon Report heraus, die a) plötzlich ein Trend war und sich b) über einen langen Zeitraum nicht durchsetzen konnte. Diskutieren Sie mögliche Ursachen dafür.

Tipps zum Weiterlesen

Lips, P., Lengsfeld, P, Röspel, R., Lenkert, R. & Ebner, H. (2016). *Deutscher Bundestag. Technikfolgenabschätzung (TA): Digitale Medien in der Bildung. Bericht des Ausschusses für Bildung, Forschung und Technikfolgenabschätzung (18. Ausschuss) gemäß § 56a der Geschäftsordnung* (Drucksache 18/9606). https://dserver.bundestag.de/btd/18/096/1809606.pdf

Der Bericht des Büros für Technikfolgenabschätzung beim Deutschen Bundestag gibt für den Zeitpunkt des Erscheinens einen umfassenden Überblick über die Prognose der Entwicklung digitaler Medien im gesamten Bildungsbereich. Dabei wird insbesondere auch auf die gesellschaftlichen Folgen des Medieneinsatzes im Bildungsbereich eingegangen.

Schön, S. & Mark, M. (2013). Zukunftsforschung. Wie wird sich technologiegestütztes Lernen entwickeln? In M. Ebner & S. Schön (Hrsg.), *L3T. Lehrbuch für Lernen und Lehren mit Technologien* (2. Auflage). https://doi.org/10.25656/01:8362

Dieser Beitrag widmet sich explizit der Zukunftsforschung im Bereich technologiegestützten Lernens. Dabei wird sowohl auf Theorien zur Entwicklung und Verbreitung (technologischer) Innovationen, als auch auf Methoden und Gütekriterien der Zukunftsforschung eingegangen. Der Bezug auf Innovationen im Bereich des Lehrens und Lernens mit digitalen Medien erlaubt dabei eine gute Übertragung auf das pädagogische Feld.

Steinmüller, K. (2008). Methoden der Zukunftsforschung – Langfristorientierung als Ausgangspunkt für das Technologie-Roadmapping. In M. G. Möhrle & R. Isenmann (Hrsg.), *Technologie-Roadmapping. Zukunftsstrategien für Technologieunternehmen* (Vol. 3; S. 86–105). Wiesbaden: Springer.

Der Artikel gibt sowohl eine Einführung in das Themenfeld der Zukunftsforschung als auch einen Überblick über zentrale Methoden in diesem Bereich. Dabei wird insbesondere auf die damit verbundenen Herausforderungen eingegangen, so dass auf dieser Basis eine realistische Einschätzung der Prognosefähigkeit der Ergebnisse von Zukunftsforschung gegeben werden kann.

Glossar

Bildungstechnologie

Bildungstechnologie bezieht sich auf die Verwendung digitaler Technologien im Bildungsbereich. Dies umfasst die Verwendung von Computern, Tablets, Smartphones und anderen Geräten in Lehr-Lern-Prozessen, den Zugang zu Bildungsmaterialien und Informationsressourcen sowie die Interaktion und Zusammenarbeit zwischen Lehrenden und Lernenden.

Blended Learning

Unter Blended Learning wird in einem engen Verständnis die Kombination von Präsenz- und Online-Phasen im Rahmen eines Lehr-Lern-Angebots gefasst. In einem weiteren Verständnis wird darunter auch die Verbindung von synchronem/asynchronem, lokalem/verteiltem, individuellem/kollaborativem etc. Lernen verstanden.

Blockchain

Blockchain ist eine dezentralisierte Datenbank-Technologie. In einer Blockchain werden Daten in Blöcken gespeichert und verknüpft. Diese Blöcke bilden eine unveränderliche Kette, die nicht ohne weiteres geändert werden kann. Die Daten werden auf mehreren Computern im Netzwerk gespeichert, wodurch eine hohe Sicherheit und Transparenz garantiert wird.

Datenkompetenz (Data Literacy)

Datenkompetenz ist die Fähigkeit, Daten im jeweiligen Kontext bewusst einsetzen und ihre Nutzung kritisch hinterfragen zu können. Dazu gehören die Kompetenzen, Daten auf kritische Art und Weise zu sammeln, zu managen, zu bewerten und anzuwenden.

Digitalisierung

Digitalisierung beschreibt in einem technischen Verständnis die Umwandlung analoger in digitale Formate, die durch Computer weiterverarbeitet werden können.

Digitalität

Digitalität bezeichnet die umfassende Transformation von sozialen, kulturellen und politischen Praktiken, die durch die Verfügbarkeit und Nutzung digitaler Technologien ermöglicht wird. Es geht dabei nicht nur um die technischen Aspekte der Digitalisierung, sondern vor allem um die tiefgreifenden Veränderungen, die sie in verschiedenen Bereichen des menschlichen Lebens bewirkt.

Digitale Spaltung (Digital Divide)

Unter Digital Divide werden unterschiedliche Zugangs- und Nutzungsmöglichkeiten von → IKT verstanden, die es zwischen einzelnen Bevölkerungsgruppen gibt. Die ungleiche Verteilung von Wissen, Fähigkeiten und Ressourcen, die mit dem digitalen Zugang einhergeht, werden dabei auch als „Digital Inequality" bezeichnet.

Educational Technology (Edtech)

(→ Bildungstechnologie)

E-Learning

E-Learning bezeichnet den Einsatz digitaler Technologien zur Unterstützung und Erleichterung des Lernens. E-Learning umfasst den Einsatz einer Vielzahl von Lehr-Lern-Medien, wie Lernplattformen, virtuelle Klassenzimmer, interaktive Lernmaterialien, multimediale Präsentationen, Simulationen und digitale Assessment-Tools.

Fernstudium/Fernlernen (Online Distance Learning)

Fernstudium/Fernlernen sind Formen des Lernens in räumlicher Distanz von Lehrenden und Lernenden. Während früher dafür u. a. Studienbriefe eingesetzt wurden, werden heute dafür die Möglichkeiten des → E-Learnings genutzt.

Informationskompetenz (Information Literacy)

Unter Informationskompetenz wird die Fähigkeit verstanden, den eigenen Informationsbedarf zu erkennen, die benötigten Informationen zu ermitteln und zu verschaffen, die Informationen und Quellen auszuwählen und zu bewerten sowie diese Informationen effektiv zu nutzen.

Informations- und Kommunikationstechnologie (IKT)

Umfasst jegliche Technologien im Bereich der Information und Kommunikation, die zur Informationsübertragung, bzw. die Weiterleitung, Codierung und Speicherung von Informationen genutzt werden. Sie umfasst Geräte, Infrastrukturen sowie damit verbundene Dienstleistungen und Anwendungen.

Künstliche Intelligenz (KI) (Artificial Intelligence, AI)

Künstliche Intelligenz (KI) ist der Versuch, durch Computersysteme menschenähnliche Aufgaben wie Problemlösung, Entscheidungsfindung und Wahrnehmung auszuführen. Dies geschieht durch maschinelles Lernen, neuronale Netze und andere Technologien, die es ermöglichen, dass Computer selbstständig lernen und handeln können.

Lehr-Lern-Medien bzw. Lehr-Lern-Technologien, digitale

Digitale Lehr-Lern-Medien sind digitale Werkzeuge und Ressourcen, die für den Unterricht und das Lernen eingesetzt werden. Dazu gehören bspw. → Lernmanagementsysteme, digitale Lehrbücher, interaktive Lernspiele, Online-Kurse, simulationsbasierte Übungen, Videos, Podcasts und andere Formen digitaler Inhalte. Digitale Lehr-Lern-Medien können auch Daten und Feedback liefern, um den Lernfortschritt und die Leistung zu überwachen und zu verbessern.

Learning Analytics

Learning Analytics bezieht sich auf die Sammlung, Analyse und Verwendung von Daten, um den Lernfortschritt und die Leistung von Lernenden zu verstehen und zu verbessern. Dabei werden Technologie, wie maschinelles Lernen, genutzt, um Einsichten zu gewinnen und Trends zu identifizieren. Das Potenzial von Learning Analytics wird in der Gestaltung personalisierter Lernumgebungen gesehen.

Learning Management Systeme (LMS)

Learning Management Systeme (LMS) sind digitale Plattformen, die für den Aufbau, die Verwaltung und die Überwachung von Lehr-Lern-Aktivitäten verwendet werden. Ein LMS kann Online-Kurse, Übungen, Tests und andere Lernressourcen bereitstellen und den Fortschritt und die Leistung von Lernenden verfolgen. Ein LMS kann auch die Kommunikation zwischen Lehrenden und Lernenden fördern, indem es Foren, Nachrichtenfunktionen und andere Kollaborationswerkzeuge bereitstellt.

Mediatisierung

Ein zentrales Merkmal der Mediatisierung ist die Veränderung von Kommunikationsstrukturen und -praktiken durch Medientechnologien. Sie führt zu einer verstärkten Mediennutzung, einer erhöhten Abhängigkeit von Medieninhalten und neuen Formen der Partizipation und Interaktion in digitalen Medienumgebungen. Sie hat damit auch Auswirkungen auf soziale Beziehungen, Identitätskonstruktion, Machtverhältnisse und die Art und Weise, wie Wissen und Informationen konsumiert werden.

Medien

Digitale Medien umfassen Kommunikationsformen sowie Medieninhalte, die mittels digitaler Technologie erstellt, übertragen und konsumiert werden. Sie basieren auf der Kodierung von Informationen in binärer Form und unterscheiden sich dadurch von traditionellen analogen Medien.

Medienbildung

Medienbildung beschreibt die Entwicklung von Wissen sowie Fähigkeiten und Haltungen, die erforderlich sind, um Medieninhalte zu analysieren, zu interpretieren und verantwortungsbewusst damit umzugehen. Ziel der Medienbildung ist es, Menschen dabei zu unterstützen, aktive und mündige Teilnehmer in der Medienlandschaft zu sein.

Mediendidaktik

Mediendidaktik zielt darauf ab, die Möglichkeiten und Potenziale digitaler Medien für das Lehren und Lernen zu nutzen. Sie befasst sich mit der Auswahl, Integration und sinnvollen Nutzung von Medien in Bildungskontexten, um die Lernziele effektiv zu erreichen.

Medienkompetenz (Media Literacy, digitale Kompetenz, Online-Kompetenz)

Medienkompetenz umfasst Kenntnis des Mediensystems und Fähigkeit der ethischen Bewertung der Folgen des Medieneinsatzes sowie der individuell reflektierten Anwendung und Gestaltung von Medien.

Medienkritik

Medienkritik bezeichnet die kritische Auseinandersetzung mit Medieninhalten, -strukturen und -praktiken. Sie zielt darauf ab, die Qualität und Glaubwürdigkeit von Medien zu hinterfragen sowie deren soziale Auswirkungen und die eigene Mediennutzung zu reflektieren.

Medienpädagogik

Ist eine Fachrichtung der Erziehungswissenschaft, die sich mit der Rolle von Medien in Erziehung, Bildung und Sozialisation von Kindern, Jugendlichen und Erwachsenen beschäftigt. Dazu gehören u. a. die → Mediensozialisation, die → Medienkompetenz und die → Mediendidaktik.

Mediensozialisation

Mediensozialisation bezeichnet den Prozess, in dem Individuen in einer Gesellschaft den Umgang mit Medien erlernen und sich mit den sozialen, kulturellen und normativen Aspekten des Mediengebrauchs auseinandersetzen. Es handelt sich um einen lebenslangen Prozess, der bereits in der Kindheit beginnt und sich im Laufe des Lebens weiterentwickelt.

Massive Open Online Courses (MOOCs)

MOOC steht für Massive Open Online Course. Sie sind für jedermann zugänglich und werden meist über das Internet bereitgestellt. Sie sind dabei auf Hunderte bis Zehntausende Nutzerinnen und Nutzer ausgelegt. Entsprechend ihrer didaktischen Gestaltung wird zwischen xMOOCs mit klaren Lernzielen und Kursstrukturen sowie cMOOCs, welche offener, partizipativer und selbsgesteuerter organisiert sind, unterschieden.

Open Educational Resources (OER)

Open Educational Resources (OER) sind digital verfügbare Lernmaterialien, die für jedermann zugänglich und in der Regel kostenlos sind. OER können Lehrpläne, Kurse, Lernmodule, Bücher, Simulationen, Videos und andere Arten von digitalen Lernressourcen umfassen. Dafür unterliegen sie in der Regel einer speziellen Nutzungslizenz (Creative Commons Lizenz).

Transformation, digitale

Der Begriff digitale Transformation beschreibt den Prozess, in dem digitale Technologien und Innovationen weitreichende Veränderungen in verschiedenen Bereichen von Gesellschaft, Wirtschaft, Kultur und Politik bewirken. Es geht dabei um den Einfluss von digitalen Technologien auf bestehende Strukturen, Prozesse und Praktiken, wie die Schaffung neuer Geschäftsmodelle und die Umgestaltung von Kommunikation, Arbeit, Bildung, Gesundheitswesen und anderen Bereichen des menschlichen Lebens.

Weitere Begriffe finden sich im E-Learning Glossar des AMS Forschungsnetzwerks unter https://www.ams-forschungsnetzwerk.at/downloadpub/glossar030801.pdf

Literatur

Alke, M. (2022). Governance digitaler Plattformen in der Weiterbildung. *Hessische Blätter für Volksbildung, 72*(2), 21–32. http://doi.org/10.3278/HBV2202W003

Alke, M. & Uhl, L. (2021). Stellenprofile an Volkshochschulen in der digitalen Transformation: Analyse von Stellenanzeigen aus organisationstheoretischer Sicht. In C. Bernhard-Skala, R. Bolten-Bühler, J. Koller, M. Rohs & J. Wahl (Hrsg.), *Erwachsenenpädagogische Digitalisierungsforschung. Impulse – Befunde – Perspektiven* (S. 243–265). Bielefeld: wbv Publikation.

Ambos, I., Koscheck, S. & Martin, A. (2018). *Qualitätsmanagementsysteme in der Weiterbildung: Ergebnisse der wbmonitor Umfrage 2017.* Bonn: Bundesinstitut für Berufsbildung. https://www.die-bonn.de/doks/2018-qualitaetsmanagement-01.pdf

Arbeitsgemeinschaft für Sozialdemokraten im Bildungsbereich, Deutschen Gewerkschaftsbund Landesbezirk NW, Deutschen Postgewerkschaft, Gewerkschaft Erziehung und Wissenschaft (Bund und Land NW), Kooperationsstelle Hochschule-Gewerkschaft & Sozialistische Bildungsgemeinschaft. (1985). „Thesen und Forderungen" des Kongresses „Neue Medien und Lernen – Herausforderungen, Chancen und Gefahren. In H.-G. Rolff & P. Zimmermann (Hrsg.), *Neuen Medien und Lernen* (S. 189–204). Weinheim/Basel: Beltz.

ARD/ZDF-Forschungskommission. (2021). *ARD/ZDF-Online-Studie.* https://ard-zdf-onlinestudie.de/

Aschemann, B. (2023). Wo sind wir und wenn ja, wie sehr? *weiter bilden. DIE Zeitschrift für Erwachsenenbildung, 30*(1), 32–36. https://doi.org/10.3278/WBDIE2301W009

Autorengruppe Bildungsberichterstattung. (2020). *Bildung in Deutschland 2020.* Bielefeld: wbv Publikation.

Baacke, D., Kornblum, S., Lauffer, J. Mikos, L. & Thiele, G. A. (Hrsg.) (1999). *Handbuch Medien: Medienkompetenz – Modelle und Projekt.* Bonn: Bundeszentrale für politische Bildung.

Baecker, D. (2018). *4.0 oder Die Lücke, die der Rechner lässt.* Leipzig: Merve.

Bandtel, M., Kauz, L. & Weißker, N. (2021). Data Literacy Education für Studierende aller Fächer. Kompetenzziele, curriculare Integration und didaktische Ausgestaltung interdisziplinärer Lehr-Lern-Angebote. In Hochschulforum Digitalisierung (Hrsg.), *Digitalisierung in Studium und Lehre gemeinsam gestalten* (S. 395–412). Wiesbaden: Springer.

Bellinger, F. (2023). *Grundbildung Medien in der Erwachsenenbildung. Medienpädagogische Professionalisierung.* Bielefeld: wbv Publikation.

Benjamin, L. T. (1988). A History of Teaching Machines. *American Psychologist, 43*(9), 703–712.

Bernhard-Skala, C. (2019). Organisational perspectives on the digital transformation of adult and continuing education: A literature review from a German-speaking perspective. *Journal of Adult and Continuing Education, 25*(2), 178–197. https://doi.org/10.1177/1477971419850840

Bernhard-Skala, C., Bolten-Bühler, R., Koller, J., Rohs, M. & Wahl, J. (2021). Impuls für eine erwachsenenpädagogische Digitalisierungsforschung. In C. Bernhard-Skala, R. Bolten-Bühler, J. Koller, M. Rohs & J. Wahl (Hrsg.), *Erwachsenenpädagogische Digitalisierungsforschung. Impulse – Befunde – Perspektiven* (S. 19–36). Bielefeld: wbv Publikation.

BMAS – Bundesministerium für Arbeit und Soziales & BMBF – Bundesministerium für Bildung und Forschung. (2019). *Wissen teilen, Zukunft gestalten, Zusammen wachsen. Nationale Weiterbildungsstrategie.* Berlin: Bundesministerium für Arbeit und Soziales. https://www.bmas.de/SharedDocs/Downloads/DE/Aus-Weiterbildung/nws-fortfuehrung-und-weiterentwicklung.pdf?__blob=publicationFile&v=1

BMBF – Bundesministerium für Bildung und Forschung (Hrsg.) (2002). *IT-Weiterbildung mit System. Neue Perspektiven für Fachkräfte und Unternehmen.* Bonn: Bundesministerium für Bildung und Forschung.

Bolten-Bühler, R. (2021). *Medialer Habitus von Lehrenden in der Erwachsenenbildung. Biografische Analysen medienpädagogischer Professionalisierung.* Bielefeld: wbv Publikation.

Bonnes, J. & Koller, J. (2023). Mediendidaktische Gelingensbedingungen im Mehrebenensystem. *Hessische Blätter für Volksbildung 73*(3). Druckfrisch: DOI: 10.3278/HBV2303W004

Breitschwerdt, L., Thees, A. & Egetenmeyer, R. (2022). Digitale Medien in der Erwachsenenbildung/ Weiterbildung. *Magazin erwachsenenbildung.at, 44/45.* https://doi.org/10.25656/01:24477

Buddeberg, K. & Grotlüschen, A. (2020). Literalität, digitale Praktiken und Grundkompetenzen. In A. Grotlüschen & K. Buddeberg (Hrsg.), *Leo 2018 – Leben mit geringer Literalität* (S. 197–226). Bielefeld: wbv Publikation.

Bundesarbeitskreis Erweiterte Lernwelten (Hrsg.) (2021). *Studie zur Honorierung von onlinegestützten Kursen.* Bonn: DVV.

Christ, J., Koscheck, S., Martin, A., Ohly, H. & Widany, S. (2020). *Digitalisierung – Ergebnisse der wbmonitor Umfrage 2019.* Bonn: Bundesinstitut für Berufsbildung.

Christ, J., Koscheck, S., Martin, A., Ohly, H. & Widany, S. (2021). *Auswirkungen der Coronapandemie auf Weiterbildungsanbieter. Ergebnisse der wbmonitor Umfrage 2020.* Leverkusen: Barbara Budrich.

Damberger, T. (2022). Medienentwicklung und Medienpädagogik: Künstliche Intelligenz. In U. Sander, F. v. Gross & K. Hugger (Hrsg.), *Handbuch Medienpädagogik* (S. 577–584). Wiesbaden: Springer.

Dehmel, L. (2021). Zur Entgrenzung der Arbeit des medienpädagogischen Weiterbildungspersonals im Kontext tiefgreifender Mediatisierung. In C. Bernhard-Skala, R. Bolten-Bühler, J. Koller, M. Rohs & J. Wahl (Hrsg.), *Erwachsenenpädagogische Digitalisierungsforschung. Impulse – Befunde – Perspektiven* (S. 205–2019). Bielefeld: wbv Publikation.

DGfE – Deutsche Gesellschaft für Erziehungswissenschaft. (2006). *Kerncurriculum für konsekutive Bachelor/Master-Studiengänge im Hauptfach Erziehungswissenschaft mit der Studienrichtung Erwachsenenbildung/Weiterbildung.* https://www.dgfe.de/fileadmin/OrdnerRedakteure/Stellungnahmen/2006_KCE_EB-WB_konsekutiv.pdf

DIE – Deutsches Institut für Erwachsenenbildung. (2001). *Neue Medien in der Erwachsenenbildung. Positionspapier des DIE.* Bonn: Deutsches Institut für Erwachsenenbildung.

Dollhausen, K. (2014). *Die Organisation als zentrales Bildungsmittel. Trends und zukünftige Anforderungen der erwachsenenpädagogischen Organisationsforschung.* http://www.die-bonn.de/doks/2014-organisationsforschung-01.pdf

DVV – Deutscher Volkshochschul-Verband. (2019). *Manifest zur digitalen Transformation von Volkshochschulen.* https://www.volkshochschule.de/verbandswelt/Digitalisierungsstrategie/manifest-digitale-transformation-von-vhs.php

EDUCAUSE (Hrsg.) (2009). *7things you should know about… Personal Learning Environments.* https://library.educause.edu/-/media/files/library/2009/5/eli7049-pdf.pdf

EDUCAUSE (Hrsg.) (2022). *2022 EDUCAUSE Horizon Report® Teaching and Learning Edition.* https://library.educause.edu/-/media/files/library/2022/4/2022hrteachinglearning.pdf?#page=4&la=en&hash=71AAD6A021B9E88CB8779E000A8DFDC04200739C

Egetenmeyer, R., Kröner, S. & Thees, A. (2021). Digitalisierung in Angeboten der Erwachsenenbildung/ Weiterbildung. *Zeitschrift für Weiterbildungsforschung, 44*(2), 115–132. https://doi.org/10.1007/s40955-021-00185-4

Emejulu, A. & McGregor, C. (2016) Towards a radical digital citizenship in digital education. *Critical Studies in Education 60*(1), 131–147. https://doi.org/10.1080/17508487.2016.1234494

Engelhardt, E. (2018). *Lehrbuch Onlineberatung*. Göttingen: Vandenhoeck & Ruprecht.

Engels, M. & Egloffstein, M. (2021). Digitale Transformation von Bildungsorganisationen: Perspektiven der gemeinwohlorientierten Erwachsenenbildung. In C. Bernhard-Skala, R. Bolten-Bühler, J. Koller, M. Rohs & J. Wahl (Hrsg.), *Erwachsenenpädagogische Digitalisierungsforschung. Impulse – Befunde – Perspektiven* (S. 283–303). Bielefeld: wbv Publikation.

Europäische Kommission. (2019). *Achievements under the Renewed European Agenda for Adult Learning. Report of the ET 2020 Working Group on Adult Learning (2018–2020).* Luxembourg: Publications Office of the European Union.

Europäische Kommission (2023). *Europäische Erklärung zu den digitalen Rechten und Grundsätzen für die digitale Dekade.* https://eur-lex.europa.eu/legal-content/DE/TXT/PDF/?uri=CELEX:32023C0123(01)

European Union (Hrsg.) (2020). *Digital Education Action Plan 2021–2027.* https://education.ec.europa.eu/focus-topics/digital-education/action-plan

Eurostat. (2022). *Database – Digital economy and society.* https://ec.europa.eu/eurostat/web/digital-economy-and-society/data/database

Faßler, M. (1997). *Was ist Kommunikation?* München: Fink.

Faulstich, P. & Zeuner, C. (2006). *Erwachsenenbildung: Eine handlungsorientierte Einführung in Theorie, Didaktik und Adressaten.* Weinheim: Beltz Juventa.

Faulstich, P. & Zeuner, C. (2013). *Erwachsenenbildung: Eine handlungsorientierte Einführung in Theorie, Didaktik und Adressaten* (3., aktualisierte Aufl.). Weinheim: Beltz Juventa.

Faulstich-Wieland, H., Nuissl, E., Siebert, H. & Weinberg, J. (Hrsg.) (1998). *„Erwachsene – Medien – Bildung." Literatur und Forschungsreport Weiterbildung,* (Nr. 42). Frankfurt a. M.: Deutsches Institut für Erwachsenenbildung (DIE).

Ferster, B. (2014). *Teaching Machines. Learning from the Intersection of Education and Technology.* Johns Hopkins University Press.

Fleige, M., Gieseke, W., Hippel, A. v. & Stimm, M. (2022). *Berufliche Weiterbildung in Volkshochschulen. Zugänge zum lebenslangen Lernen.* Berlin: Lang.

Förschler, A. (2018). Das „Who is who?" der deutschen Bildungs-Digitalisierungsagenda. Eine kritische Politiknetzwerk-Analyse. *Pädagogische Korrespondenz, 58,* 31–52. https://doi.org/10.25656/01:21106

Gapski, H. & Tekster, T. (2009). *Informationskompetenz in Deutschland. Überblick zum Stand der Fachdiskussion und Zusammenstellung von Literaturangaben, Projekten und Materialien zu einzelnen Zielgruppen.* Düsseldorf: Landesanstalt für Medien NRW.

Gates, B. (1996). *The Road Ahead.* o.O: Penguin Group.

Giesecke, W. & Heuer, U. (2011). Weiterbildungsentscheidungen und beigeordnete Bildung. In R. Arnold & A. Pachner (Hrsg.), *Lernen im Lebenslauf* (Grundlagen der Berufs- und Erwachsenenbildung, 69, S. 107–127). Baltmannsweiler: Schneider Hohengehren.

Gnahs, D. (2013). *Kompetenzen – Erwerb, Erfassung, Instrumente.* Bielefeld: W. Bertelsmann.

Goppold, M. & Frenz, M. (2020). Lernen im Prozess der Arbeit: Entwicklung, Umsetzung und Evaluation einer Weiterbildung zur manuellen Montage unter Einsatz von Autorensystemen. *Zeitschrift für Arbeitswissenschaft, 74,* 100–116. https://doi.org/10.1007/s41449-020-00202-1

Grotlüschen, A. (2023). »Rettungslink«, »Schwarmintelligenz« und »Tagungssatelliten«. Versuch einer begrifflichen Strukturierung hybrider Veranstaltungsformate. *weiter bilden. DIE Zeitschrift für Erwachsenenbildung, 30*(1), 23–26. https://doi.org/10.3278/WBDIE2301W006

Grotlüschen, A. & Pätzold, H. (2020). *Lerntheorien. In der Erwachsenen- und Weiterbildung* (Erwachsenen- und Weiterbildung, Befunde – Diskurse – Transfer, Band 4). Bielefeld: wbv Publikation.

Grotlüschen, A. (2018). Erwachsenenbildung und Medienpädagogik: LinkedIn & Lynda, XING und Google als Bildungsanbieter. MedienPädagogik, 30, 94–115. https://doi.org/10.21240/mpaed/30/2018.03.03.X

Haddock, G. & Maio, G. R. (2014). Einstellungen. In K. Jonas, W. Stroebe & M. Hewstone (Hrsg.), *Sozialpsychologie* (6. Auflage) (S. 197–230). Berlin: Springer.

Hamedinger, A. (2021). Neue Governance-Konzepte für die Digitalisierung: Herausforderungen und Potentiale. In M. Mitteregger, E. M. Bruck, A. Soteropoulos, A. Stickler, M. Berger, J. S. Dangschat et al. (Hrsg.), *AVENUE21. Politische und planerische Aspekte der automatisierten Mobilität* (S. 343–354). Berlin, Heidelberg: Springer. https://doi.org/10.1007/978-3-662-63354-0_16

Hansch, A., Dörich, A. & Rohwerder, J. (2021). „Gute Bildung hat keine Stopptaste." *weiter bilden. DIE Zeitschrift für Erwachsenenbildung, 28*(2), 20–23.

Hartong, S. & Förschler, A. (2020). Dateninfrastrukturen als zunehmend machtvolle Komponente von Educational Governance. In I. an Ackeren, H. Bremer, F. Kessl, H. C. Koller, N. Pfaff, C. Rotter, D. Klein & U. Salaschek (Hrsg.), *Bewegungen. Beiträge zum 26. Kongress der Deutschen Gesellschaft für Erziehungswissenschaft.* (S. 419–432). Opladen/Berlin/Toronto: Barbara Budrich. https://doi.org/10.3224/84742385

Häußling, R. (2010). Techniksoziologie. In G. Kneer & M. Schroer (Hrsg.), *Handbuch Spezielle Soziologien* (S. 623–643). Wiesbaden: Springer VS.

Hepp, A. (2018). Von der Mediatisierung zur tiefgreifenden Mediatisierung. In J. Reichertz & R. Bettmann (Hrsg.), *Kommunikation – Medien – Konstruktion. Braucht die Mediatisierungsforschung den Kommunikativen Konstruktivismus?* (S. 27–45). Wiesbaden: Springer.

Herodotou, C., Hlosta, M., Boroowa, A., Rienties, B., Zdrahal, Z. & Mangafa, C. (2019). Empowering online teachers through predictive learning analytics. *British Journal of Educational Technology, 50*(6), 3064–3079. https://doi.org/10.1111/bjet.12853

Hippel, A. v., Kulmus, C. & Stimm, M. (2018). Didaktik der Erwachsenen- und Weiterbildung. Paderborn: Brill & Schöningh. https://doi.org/10.36198/9783838550121

Hof, C. & Egloff, B. (2022). *Handeln und Forschen in der Erwachsenen- und Weiterbildung*. Bielefeld: wbv Publikation.

Houben, D. & Prietl, B. (2018). Strukturdynamiken, Reproduktionsmechanismen und Subjektformen der Datengesellschaft. In D. Houben & B. Prietl (Hrsg.), *Datengesellschaft. Einsichten in die Datafizierung des Sozialen* (S. 323–382). Bielefeld: Transcript.

Hüther, J. (1986). Ein eigentlich altes Problem: die „neuen Medien". In J. Hüther & R. Terlinden (Hrsg.), *Neue Medien in der Erwachsenenbildung. Handbuch für Praktiker* (S. 11–80). München: Hueber.

Illi, A. (2016). *Dokumentenanalyse zur Berücksichtigung medienpädagogischer Kompetenzen in ausgewählten Dokumenten zu Masterstudiengängen der Erwachsenenbildung* [Unveröffentlichte Masterarbeit]. Kaiserslautern: Technische Universität Kaiserslautern.

Initiative D21. (2021a). *Der Digital-Index 2020/2021.* Berlin: Initiative D21. https://initiatived21.de/app/uploads/2021/02/d21-digital-index-2020_2021.pdf.

Initiative D21. (2021b). *Digital Skill Gap. So (unterschiedlich) digital kompetent ist die deutsche Bevölkerung. Eine Sonderstudie zum D21-Digital-Index 2020/2021.* https://initiatived21.de/uploads/03_Studien-Publikationen/Digital-SKills-Gap/digital-skills-gap_so-unterschiedlich-digital-kompetent-ist-die-deutsche-bevoelkerung.pdf

Initiative D21. (2022). *D21 Digitalindex 2021/2022. Jährliches Lagebild zur Digitalen Gesellschaft. Vertiefungsthema: Digitale Nachhaltigkeit.* https://initiatived21.de/app/uploads/2022/02/d21-digital-index-2021_2022.pdf

Jörissen, B. (2011a). *Medienbildung in fünf Sätzen.* https://joerissen.name/medienbildung/medienbildung-in-5-satzen

Jörissen, B. (2011b). „Medienbildung" – Begriffsverständnisse und -reichweiten. *Zeitschrift für Theorie und Praxis der Medienbildung, 20*, 211–235. http://doi.org/10.21240/mpaed/20/2011.09.20.X

JRC – Joint Research Center. (2022). *DigComp 2.2: The Digital Competence Framework for Citizens.* Luxembourg: Publications Office of the European Union.

Kabudi, T., Pappas, I. & Olsen, D. h. (2021). AI-enabled adaptive learning systems: A systematic mapping of the literature. *Computers and Education: Artificial Intelligence, 2.* https://doi.org/10.1016/j.caeai.2021.100017

Käpplinger, B. (2021). Subsidiariät: Ein Prinzip mit Geschichte und Zukunft? *forum erwachsenenbildung, 54*(3), 24–27.

KEB – Katholische Erwachsenenbildung Deutschland (2021). *Jahresbericht 2020–2021.* https://keb-deutschland.de/wp-content/uploads/2021/05/KEB-Jahresbericht-2021-AnsichtV2.pdf

Kerres, M. (2018). *Mediendidaktik. Konzeption und Entwicklung digitaler Lernangebote* (5. Aufl.). Berlin/Boston: de Gruyter.

Kerres, M. (2021). *Didaktik. Lernangebote gestalten.* Münster: Waxmann.

Kerres, M. & Buntins, K. (2020). Erwachsenenbildung in der digitalen Welt: Handlungsebenen der digitalen Transformation. *Hessische Blätter für Volksbildung, 70*(3), 11–23. https://doi.org/10.3278/HBV2003W002

Kerres, M. & de Witt, C. (2004). Pragmatismus als theoretische Grundlage für die Konzeption von eLearning. In H. O. Mayer & D. Treichel (Hrsg.), *Handlungsorientiertes Lernen und eLearning* (S. 77–100). Oldenbourg Wissenschaftsverlag. https://doi.org/10.1515/9783486781762.77

Kerres, M., Buntins, K., Buchner, J., Drachsler, H. & Zawacki-Richter, O. (2023). Lernpfade in adaptiven und künstlich-intelligenten Lernprogrammen: Eine kritische Analyse aus mediendidaktischer Sicht. In C. de Witt, C. Gloerfeld & S. E. Wrede (Hrsg.), Künstliche Intelligenz in der Bildung. Wiesbaden: Springer.

Kinshuk & Graf, S. (2012). Ubiquitous Learning. In N. M. Seel (Hrsg.), *Encyclopedia of the Sciences of Learning.* Boston/MA: Springer. https://doi.org/10.1007/978-1-4419-1428-6_224

Klotmann, E., Oberländer, N., Sucker, J., Köck, C., Winkler, B. & Lindner, M. (2014). *Der vhsMOOC 2013.* Bielefeld: wbv Publikation. https://doi.org/10.3278/6004409w

KMK – Kultusministerkonferenz. (2017). *Bildung in einer digitalisierten Welt. Strategie der Kultusministerkonferenz.* https://www.kmk.org/themen/bildung-in-der-digitalen-welt/strategie-bildung-in-der-digitalen-welt.html

Kneist W., Paschold M., Gockel I. & Lang H (2011). Virtuelles Laparoskopietraining in der chirurgischen Weiterbildung. *Passion Chirurgie. 2011 November; 1(11): Artikel 02_06.* https://www.bdc.de/?plugin_page=gm_pdf_export&post_id=49440

Köck, C. & Will, S. (2015). *Strategiepapier „Erweiterte Lernwelten" des DVV.* https://www.dvv-vhs.de/fileadmin/user_upload/6_Themenfelder/Erweiterte_Lernwelten/Strategiepapier_ELW_Juni_2015.pdf

Kohl, J. & Denzl, E. (2020). Weiterbildungsanbieter in der Corona-Pandemie. *weiter bilden. DIE Zeitschrift für Erwachsenenbildung,27*(4), 23–26.

Kohl, J. & Rohs, M. (2019). *Auswahlentscheidungen für die Analyse von Studienangeboten im Bereich Erwachsenenbildung/Weiterbildung* (Beiträge zur Erwachsenenbildung Nr. 7). Kaiserslautern: Technische Universität Kaiserslautern.

Koschorreck, J. & Gundermann, A. (2021). Die Bedeutung der Digitalisierung für das Management von Weiterbildungsorganisationen. In Dans A. Wilmers, M. Achenbach & C. Keller (Hrsg.), *Bildung im digitalen Wandel. Organisationsentwicklung in Bildungseinrichtungen* (S. 161–192). Münster: Waxmann.

Kresse, A. & Herzog, J. (2021). Wie „Digital Leadership" gelingen kann. *Wirtschaft + Weiterbildung, 2*, 22–25.

Kuckartz, U. & Rädiker, S. (2022). Datenaufbereitung und Datenbereinigung in der qualitativen Sozialforschung. In N. Baur & J. Blasius (Hrsg.), *Handbuch Methoden der empirischen Sozialforschung* (3. Auflage) (S. 501–516). Wiesbaden: Springer VS.

Kühn, C. & Robak, S. (2021). *Adult Education Research in the Context of Digital Transformation: Concepts and Perspectives for a Complex Field of Research* [Conference Paper]. Vancouver: Adult Education in Global Times: An International Research Conference (AEGT 2021).

Kulik, J. A. & Fletcher, J. D. (2016). Effectiveness of Intelligent Tutoring Systems: A Meta-Analytic Review. *Review of Educational Research, 86*(1), 42–78. https://doi.org/10.3102/0034654315581420

Kuper, H. (2001). Organisationen im Erziehungssystem. Vorschläge zu einer systemtheoretischen Revision des erziehungswissenschaftlichen Diskurses über Organisation. *Zeitschrift für Erziehungswissenschaft, 4*(1), 83–106.

Kuper, H. & Thiel, F. (2016) Erziehungswissenschaftliche Institutionen- und Organisationsforschung. Perspektiven auf Organisation. In R. Tippelt & B. Schmidt-Hertha (Hrsg.), *Handbuch Bildungsforschung* (S. 1–20). Wiesbaden: Springer. https://doi.org/10.1007/978-3-531-20002-6_24-1

Kuper, H. & Thiel, F. (2018). Erziehungswissenschaftliche Institutionen- und Organisationsforschung. In R. Tippelt & B. Schmidt-Hertha (Hrsg.), *Handbuch Bildungsforschung* (4. Auflage) (S. 587–606). Wiesbaden: Springer.

Langer, R. & Brüsemeister, T. (Hrsg.) (2019). Handbuch Educational Governance Theorien. Wiesbaden: Springer. Der Sammelband gibt einen Überblick über Theoriebezüge und Ansätze im Zusammenhang mit Educational Governance.

Lambert, S. R. (2020). Do MOOCs contribute to student equity and social inclusion? A systematic review 2014–18. *Computers & Education, 145*. https://doi.org/10.1016/j.compedu.2019.103693

Liebau, E. (2014). Habitus. In C. Wulf & J. Zirfas (Hrsg.), *Handbuch Pädagogische Anthropologie* (S. 155–164). Wiesbaden: Springer VS.

Lück, D. & Landrock, U. (2022). Datenaufbereitung und Datenbereinigung in der quantitativen Sozialforschung. In N. Baur & J. Blasius (Hrsg.), *Handbuch Methoden der empirischen Sozialforschung* (3. Auflage) (S. 517–532). Wiesbaden: Springer VS.

Luhmann, N. (1996). *Die Realität der Massenmedien*. Opladen/Leverkusen: Westdeutscher Verlag.

Maag Merki, K. & Altrichter, H. (2015). Educational Governance. *Die deutsche Schule, 107*(4), 396–410.

Macgilchrist, F. (2019). *Digitale Bildungsmedien im Diskurs. Wertesysteme, Wirkkraft und alternative Konzepte.* https://www.bpb.de/shop/zeitschriften/apuz/293124/digitale-bildungsmedien-im-diskurs/

Mai, J. (2004). *Pädagogische Konzepte für selbstgesteuertes Lernen – eine qualitative Erhebung zur Lernberatung in Selbstlernzentren*. Bonn: Deutsches Institut für Erwachsenenbildung.

Maier, U. & Rohs, M. (2020). Volkshochschulen im Krisenmodus oder Corona als Chance? Erfahrungen aus Rheinland-Pfalz. *weiter bilden. DIE Zeitschrift für Erwachsenenbildung, 27*(4), 39–41.

Martin, A. & Langemeyer, I. (2014). Demografie, sozioökonomischer Status und Stand der Professionalisierung – Das Personal in der Weiterbildung im Vergleich. In Deutsches Institut für Erwachsenenbildung (Hrsg.), *Trends der Weiterbildung. DIE-Trendanalyse 2014* (S. 43–67). Bielefeld: W. Bertelsmann.

McLuhan, M. (1964). *Understanding media. The extensions of man.* Cambridge, Mass.: MIT Press.

Meier, C. (2019). KI-basierte, adaptive Lernumgebungen. In K. Wilbers (Hrsg.), *Handbuch E-Learning* (80. Ergänzungslieferung). Köln: Deutscher Wirtschaftsdienst.

Meisel, K. & Sgodda, R. (2018). Weiterbildungsmanagement. In R. Tippelt & A. von Hippel (Hrsg.), *Handbuch Erwachsenenbildung/Weiterbildung* (6., überarbeitete und aktualisierte Auflage) (S. 1457–1472). Wiesbaden: Springer VS.

mmb – Institut für Medien- und Kompetenzforschung. (2020). *Weiterbildung und Digitales Lernen heute und in drei Jahren. KI@Ed noch nicht in der Fläche angekommen. Ergebnisse der 14. Trendstudie „mmb Learning Delphi"*. Verfügbar unter: https://www.mmb-institut.de/wp-content/uploads/mmb-Trendmonitor_2019-2020.pdf

mmb – Institut für Medien- und Kompetenzforschung. (2022). *Weiterbildung und Digitales Lernen heute und in drei Jahren. Viel Rückenwind für „EduTuber". Ergebnisse der 16. Trendstudie „mmb Learning Delphi"*. https://www.mmb-institut.de/wp-content/uploads/mmb-Trendmonitor_2021-2022.pdf

Müller, A. & Leidl, M. (2007). *Virtuelle (Lern-)Welten. Second Life in der Lehre.* https://www.e-teaching.org/didaktik/gestaltung/vr/SL_lehre_langtext_071207_end.pdf

Niegemann, H. & Weinberger, A. (2020). Was ist Bildungstechnologie? In H. Niegemann & A. Weinberger (Hrsg.), *Handbuch Bildungstechnologie* (S. 3–16). Berlin/Heidelberg: Springer.

Niegemann, H., Domagk, S., Hessel, S., Hein, A., Hupfer, M. & Zobel, A. (2008). *Kompendium multimediales Lernen.* Berlin/Heidelberg: Springer.

Pariser, E. (2011). *The Filter Bubble: What the Internet Is Hiding from You.* New York: Penguin Press.

Peissl, H. & Sedlaczek, A. (2022). Kritische Medienkompetenz vor dem Hintergrund der Digitalisierung. Media and Information Literacy (MIL) und Critical Media Literacy (CML) im Vergleich. *Magazin erwachsenenbildung.at, 44–45.* https://erwachsenenbildung.at/magazin/22-44u45/08_peissl_sedlaczek.pdf

Pietraß, M. (2015). Medien. In J. Dinkelaker & A. von Hippel (Hrsg.), *Erwachsenenbildung in Grundbegriffen* (S. 150–157). Stuttgart: Kohlhammer

Pietraß, M. (2016). Informelles Lernen in der Medienpädagogik. In M. Rohs (Hrsg.), *Handbuch informelles Lernen* (S. 123–142). Wiesbaden: Springer VS.

Pöggeler, F. (1986). Desiderate der Weiterbildungsforschung. In E. Schlutz & H. Siebert (Hrsg.), *Stand und Aufgaben der empirischen Forschung zur Erwachsenenbildung* (S. 7–18). Bremen: Universität Bremen.

Preußler, A., Kerres, M. & Schiefner-Rohs, M. (2014). Gestaltungsorientierung in der Mediendidaktik: Methodologische Implikationen und Perspektiven. In A. Hartung, B. Schorb, H. Niesyto, H. Moser & P. Grell (Hrsg.), *Jahrbuch Medienpädagogik. 10. Methodologie und Methoden medienpädagogischer Forschung* (S. 253–274). Wiesbaden: Springer VS. https://doi.org/10.1007/978-3-658-04718-4_13

Prinz, W. (2021). Sicherheit in Ketten. *weiter bilden. DIE Zeitschrift für Erwachsenenbildung, 28*(2), 40–42. https://dx.doi.org/10.3278/WBDIE2102W

Pürer, H., Springer, N. & Eichhorn, W. (2015). Grundbegriffe der Kommunikationswissenschaft. Stuttgart: UVK.

Ramis, D. (2018). *Medienpädagogische Professionalisierung in der beruflichen Weiterbildung. Analyse zur Berücksichtigung medienpädagogischer Kompetenzen in ausgewählten Angeboten zur E-Trainer-Qualifizierung* [Unveröffentlichte Masterarbeit]. Kaiserslautern: Technische Universität Kaiserslautern. https://kluedo.ub.rptu.de/frontdoor/index/index/docId/5879

Rammert, W. (2007). *Technik-Handeln-Wissen. Zu einer pragmatistischen Technik- und Sozialtheorie.* Wiesbaden: Springer VS.

Rammstedt, B., Perry, A. & Maehler, D. (2015). Zentrale Ergebnisse von PIAAC aus deutscher Perspektive. *Zeitschrift für Pädagogik, 61*(2), 162–191. https://doi.org/10.25656/01:15320

Redecker, C. & Punie, Y. (2017). *European Framework of the Digital Competence of Educators.* Luxembourg: Publications Office of the European Union.

Reich-Classen, J. & Tippelt, R. (2010). Chancen und Risiken des Zielgruppenmarketings in der Weiterbildung. Das Beispiel der Milieuforschung. *Magazin erwachsenenbildung.at (10).* https://erwachsenenbildung.at/magazin/10-10/meb10-10_03_reich_claassen_tippelt.pdf

Reinmann, G. (2005). Innovation ohne Forschung? Ein Plädoyer für den Design-Based Research-Ansatz in der Lehr-Lernforschung. *Unterrichtswissenschaft, 33*(1), 52–69. https://doi.org/10.25656/01:5787

Reinmann, G. (2015). Studientext Didaktisches Design. Hamburg: Universität Hamburg. https://gabi-reinmann.de/wp-content/uploads/2018/07/Studientext_DD_Sept2015.pdf

Rensing, C. (2020). Informatik und Bildungstechnologie. In H. Niegemann & A. Weinberger (Hrsg.), *Handbuch Bildungstechnologie: Konzeption und Einsatz digitaler Lernumgebungen* (S. 585–603). Berlin, Heidelberg: Springer.

Ridsdale, C., Rothwell, J., Smit, M., Ali-Hassan, H., Bliemel, M., Irvine, D., Kelley, D., Matwin, S. & Wuetherick, B. (2015). *Strategies and Best Practices for Data Literacy Education Knowledge Synthesis Report.* http://doi.org/10.13140/RG.2.1.1922.5044

Rogers, E. M. (1983). *Diffusion of Innovations* (3. Aufl.). New York: The Free Press.

Rohs, M. (2010). Zur Neudimensionierung des Lernortes. *REPORT – Zeitschrift für Weiterbildungsforschung, 33*(2), 34–45.

Rohs, M. & Bolten, R. (2017). Medienpädagogische Professionalisierung von Erwachsenenbildner*innen. Eine biographische Annäherung. Beiträge zur Erwachsenenbildung Nr.4, Kaiserslautern: Technische Universität Kaiserslautern.

Rohs, M. (2019). Medienpädagogische Professionalisierung von Weiterbildungspersonal. In E. Haberzeth & I. Sgier (Hrsg.), *Digitalisierung und Lernen. Gestaltungsperspektiven für das professionelle Handeln in der Erwachsenenbildung und Weiterbildung* (S. 119–136). Bern: HEP.

Rohs, M. (2020). Abriss einer Mediengeschichte der Erwachsenenbildung. In O. Dörner, A. Grotlüschen, B. Käpplinger, G. Molzberger & J. Dinkelaker (Hrsg.), *Vergangene Zukünfte – neue Vergangenheiten* (S. 155–164). Opladen: Barbara Budrich.

Rohs, M. & Bolten-Bühler, R. (2022). Der Diskurs zur Digitalität in der Sektion Erwachsenenbildung. Eine inhaltsanalytische Betrachtung anhand der Tagungsbände. In A. Grotlüschen, B. Käpplinger & G. Molzberger (Hrsg.), *50 Jahre Sektion Erwachsenenbildung in der Deutschen Gesellschaft für Erziehungswissenschaft. Konstituierendes – Errungenes – Umbrüchiges aus einem halben Jahrhundert Sektionsgeschichte* (S. 36–54). Opladen: Barbara Budrich.

Rohs, M. & Ganz, M. (2015). MOOCs and the Claim of Education for All: A Disillusion by Empirical Data. *International Review of Research in Open and Distributed Learning, 16*(6). https://doi.org/10.19173/irrodl.v16i6.2033

Rohs, M. & Lacher, S. (2023). Ist das Territorialprinzip am Ende? Fragen zur Rolle der Region im digitalen Zeitalter. *Forum Erwachsenenbildung, 56*(1), 42–44.

Rohs, M., König, P., Kohl, J. & Hellriegel, J. (2021). Digitalisierung als Gegenstand von Kursangeboten – Eine Längsschnittuntersuchung der vhs Ulm. In C. Bernhard-Skala, R. Bolten-Bühler, J. Koller, M. Rohs & J. Wahl (Hrsg.), *Erwachsenenpädagogische Digitalisierungsforschung* (S. 149–169). Bielefeld: wbv Publikation.

Rohs, M., Rott, K. J., Schmidt-Hertha, B. & Bolten, R. (2017). Medienpädagogische Kompetenzen von ErwachsenenbildnerInnen. *Magazin Erwachsenenbildung.at, 30.* https://doi.org/10.25656/01:12887

Schäffter, O. (2003). Wenn Strukturen „Lernen" gelingen lassen. *DIE Zeitschrift Für Erwachsenenbildung, 10*(1), 25–28.

Scharnberg, G., Vonarx, A.-C., Kerres, M. & Wolff, K. (2017). Digitalisierung der Erwachsenenbildung in Nordrhein-Westfalen – Herausforderungen und Chancen wahrnehmen. *Magazin erwachsenenbildung.at, 30.* https://doi.org/10.25656/01:12888

Satow, L. (2018). Lernen mit Chatbots und digitalen Assistenten. In K. Wilbers (Hrsg.), *Handbuch E-Learning* (S. 1–14). Köln: Wolters Kluwer.

Scheidig, F. (2022). Angebote politischer Erwachsenenbildung vor und nach dem „Corona-Schock". *Zeitschrift für Weiterbildungsforschung 45*, 321–345. https://doi.org/10.1007/s40955-022-00220-y

Schiersmann, C. (2021). *Beraten im Kontext des lebenslangen Lernens.* Bielefeld: wbv Publikation.

Schmid, U., Goertz, L. & Behrens, J. (2018). *Monitor Digitale Bildung. Die Weiterbildung im digitalen Zeitalter.* Gütersloh: Bertelsmann Stiftung.

Schmid, W. (1986). Weiterbildung und neue Medientechniken. In J. Hüther & R. Terlinden (Hrsg.), *Neue Medien in der Erwachsenenbildung. Handbuch für Praktiker* (S. 95–107). München: Max Huber.

Schmidt-Hertha, B., Rohs, M., Rott, K. J. & Bolten, R. (2017). Fit für die digitale (Lern-)Welt?: Medienpädagogische Kompetenzanforderungen an Erwachsenenbildner/innen. *weiter bilden. DIE-Zeitschrift für Erwachsenenbildung, 24*(3), 35–37.

Schmidt-Hertha, B. (2021). Educational Technology und pädagogische Qualität. *weiter bilden. DIE Zeitschrift für Erwachsenenbildung, 28*(2), 25–29.

Schöb, S., Salender, M., Brandt, P., Fischer, M. & Wintermann, O. (2015). *Information und Vernetzung – Bedarfe und Erwartungen von Lehrkräften an online-gestützte Fortbildungsangebote.* Bonn: Deutsches Institut für Erwachsenenbildung.

Schrader, J. (2018). Lehren und Lernen. Bielefeld: wbv Publikation.

Schrader, J. (2010). Reproduktionskontexte der Weiterbildung. *Zeitschrift für Pädagogik, 56*(2), 267–284. https://doi.org/10.25656/01:7146

Schrader, J. (2011). *Struktur und Wandel der Weiterbildung.* Bielefeld: wbv Publikation.

Schrader, J. & Martin, A. (2021). Weiterbildungsanbieter in Deutschland: Befunde aus dem DIE-Weiterbildungskataster. *Zeitschrift für Weiterbildungsforschung, 44*, 333–360. https://doi.org/10.1007/s40955-021-00198-z

Schrape, J.-F. (2021). *Digitale Transformation.* Bielefeld: Transcript.

Seemann, M., Macgilchrist, F., Richter, C., Allert, H. & Geuter, J. (2022). *Konzeptstudie. Werte und Strukturen der Nationalen Bildungsplattform.* Berlin: Wikimedia Deutschland.

Selwyn, N. (2016). *Is Technology Good for Education?* (Digital Futures, 1. Auflage). New York: John Wiley & Sons.

Selwyn, N. (2019). What's the Problem with Learning Analytics? *Journal of Learning Analytics, 6*(3), 11–19. https://doi.org/10.18608/jla.2019.63.3

Servicezentrum der Berliner Volkshochschulen (2022). *Von Profis für Profis. Fortbildungsprogramm für Kursleiter:innen der Berliner Erwachsenenbildung. 1. Semester 2022.* https://www.berlin.de/vhs/ueber-uns/kursleitende/fortbildungsprogramm_1_22a.pdf

Seyda, S. (2021). Digitale Lernmedien beflügeln die betriebliche Weiterbildung. Ergebnisse der zehnten IW-Weiterbildungserhebung. *IW-Trends, 48*(1), 79–94.

Sgier, I., Haberzeth, E. & Schüepp, P. (2018). *Weiterbildungsstudie 2017/2018. Digitalisierung in der Weiterbildung. Ergebnisse der jährlichen Umfrage bei Weiterbildungsanbietern.* Zürich: SVEAB & PHZH.

Siemens, G. (2004). Connectivism: A Learning Theory for the Digital Age. *International Journal of Instructional Technology and Distance Learning, 2*(1), 1–7.

Spitzer, M. (2012). *Digitale Demenz. Wie wir uns und unsere Kinder um den Verstand bringen.* München: Droemer.

Stalder, F. (2017). *Kultur der Digitalität* (3. Aufl.). Berlin: Suhrkamp.

Stang, R. (2015). Lernräume in Bibliotheken. Optionen für eine offene Lerninfrastruktur. In C. Bernhard, K. Kraus, S. Schreiber-Barsch & R. Stang (Hrsg.), *Erwachsenenbildung und Raum. Theoretische Perspektiven – professionelles Handeln – Rahmungen des Lernens* (S. 167–178). Bielefeld: wbv Publikation.

Stanik, T. (2015). *Beratung in der Weiterbildung als institutionelle Interaktion.* Frankfurt a. M.: Lang.

Stanik, T. & Maier-Gutheil, C. (2020a). Bildungsberatung in Beschäftigung und Weiterbildung im Kontext der Digitalisierung. *Hessische Blätter für Volksbildung, 70*(3), 55–64.

Stanik, T. & Maier-Gutheil, C. (2020b). Online-Beratung – Formate, Anforderungen, Befunde. *KONTEXT, 51*(2), 110–122.

Staudt, E. & Kriegesmann, B. (2002). Weiterbildung. Ein Mythos zerbricht (nicht so leicht!). In E. Staudt, N. Kailer, M. Kottmann, B. Kriegesmann, A. J. Meier, C. Muschik, H. Stephan & A. Ziegler (Hrsg.), *Kompetenzentwicklung und Innovation. Die Rolle der Kompetenz bei Organisation-, Unternehmens- und Regionalentwicklung* (S. 17–59). Münster: Waxmann.

Stifterverband (2021). EdTech-Start-Ups und Bildungsinstitutionen zusammenbringen. Discusion Paper, Ausgabe 5.

Stiftung Neue Verantwortung (2021). *„Quelle: Internet?" Digitale Nachrichten- und Informationskompetenzen der deutschen Bevölkerung im Test.* https://www.stiftung-nv.de/sites/default/files/studie_quelleinternet.pdf

Swertz, C. (2019). DigComp 2.2 AT: Hintergründe und Kontexte. *Medienimpulse, 57*(1). https://doi.org/10.21243/mi-01-19-14

Tamim, R. M., Pickup, D., Borokhovski, E., Bernard, R. M. & El Saadi, L. (2015). *Tablets for teaching and learning: A systematic review and meta-analysis.* Burnaby: Commonwealth of Learning.

Thimm, C., Nehls, P. & Peters, Y. (2022). Digitale Methoden im Überblick. In N. Baur & J. Blasius (Hrsg.), *Handbuch Methoden der empirischen Sozialforschung* (3. Auflage) (S. 1267–1283). Wiesbaden: Springer VS.

Tichenor, P. J., Donohue, G. A. & Olien, C. N. (1970). Mass Media Flow and Differential Growth in Knowledge. *Public Opinion Quarterly, 34*(2), 159–170.

Tippelt, R. & Schmidt-Hertha, B. (2020). Sozialisation und informelles Lernen. Bielefeld: wbv Publikation.

Die Autoren geben einen umfassenden Einblick in die Diskurse der Sozialisationsforschung und des informellen Lernens von Erwachsenen.

Tulodziecki, G., Herzig, B. & Grafe, S. (2019). *Medienbildung in Schule und Unterricht. Grundlagen und Beispiele* (2. Auflage). Bad Heilbrunn: Julius Klinkhardt.

UNESCO. (2021). *Media and Information Literate Citizens. Think Critically, Click Wisely! Media & Information Literacy Curriculum for Educators and Learners.* Paris: UNESCO.

Vollbrecht, R. & Wegener, C. (2010). Einführung. In R. Vollbrecht & C. Wegener (Hrsg.), *Handbuch Mediensozialisation* (S. 9–15). Wiesbaden: Springer VS.

Watters, A. (2021). *Teaching machines. The history of personalized learning*. Cambridge/Massachusetts/London: The MIT Press.

Weber, H., Elsner, A., Wolf, D., Rohs, M. & Turner-Cmuchal, M. (2022). Inclusive Digital Education. Odense, Denmark: European Agency for Special Needs and Inclusive Education. Online

Wuppertaler Kreis e. V. (Hrsg.) (2018). *Trends in der Weiterbildung. Verbandsumfrage 2018*. Köln: Wuppertaler Kreis e. V.

Wuppertaler Kreis e. V. (Hrsg.) (2019). *Trends in der Weiterbildung. Verbandsumfrage 2019*. Köln: Wuppertaler Kreis e. V.

Zawacki-Richter, O. (2001). Zum Verhältnis von Online-Lehre und Fernstudium. In W. E & M. Kindt (Hrsg.), *Medien in der Wissenschaft: Virtueller Campus, Szenarien – Strategien – Studium* (S. 411–419). Münster: Waxmann.

Zhang, X., Chen, Y., Hu, L. & Wang, Y. (2022). The metaverse in education: Definition, framework, features, potential applications, challenges, and future research topics. *Front Psychol*, *13*(1016300). http://doi.org/10.3389/fpsyg.2022.1016300

Zierer, K. (2020). *Visible Learning 2020: Zur Weiterentwicklung und Aktualität der Forschungen von John Hattie*. Berlin: Konrad-Adenauer-Stiftung.

Zuboff, S. (2019). Surveillance Capitalism – Überwachungskapitalismus – Essay. *ApuZ – Aus Politik und Zeitgeschichte*, *69*(24–26), 4–9.

Abbildungen

Tabellen

Lösungsvorschläge

Kapitel 1

Aufgabe 3

Aus der Perspektive der Digitalisierung ist es eine wichtige Aufgabe, die Verfügbarkeit digitaler Infrastrukturen (Lernplattformen, Datenbanken usw.) voranzutreiben, die Außendarstellung des Angebots von Programmheften auf Homepages umzustellen und die Lehr-Lernsettings mit digitalen Tools zu ergänzen. Mit Blick auf die digitale Transformation gilt es, die Bedeutung neuer digitaler Technologien bei der Zielgruppe daraufhin zu überprüfen, inwieweit die Einrichtung dazu Angebote konzipieren (bspw. zu konkreten Anwendungen oder Change Management) und eigene Arbeitsabläufe an gesellschaftliche Bedarfe anpassen (bspw. Kundenmanagement via Datenbank) kann. Aus der Sicht der Digitalität bietet es sich für Frau K. an, aktuelle gesellschaftspolitische Themen aufzugreifen, daraus Impulse für die eigene Angebotsgestaltung zu entwickeln und eine Diskussion über die Positionierung in einer Kultur der Digitalität in der eigenen Einrichtung anzustoßen. Die Bedeutung von Messenger-Diensten für die Kommunikation in der Organisation steht schließlich im Fokus der tiefgreifenden Mediatisierung.

Kapitel 2

Aufgabe 3

- Stärkung der Medienkompetenz für die Bevölkerungsgruppen, welche weniger an organisierter Weiterbildung teilnehmen
- Einsatz einfacher Anwendungen
- Angebote assistiver Technologien für Menschen mit Beeinträchtigungen
- Angebote für technische Ausstattung, z. B. Leihlaptops oder mit Computer ausgestattete Lernräume bei Weiterbildungsanbietern
- ...

Kapitel 3

Aufgabe 1

- Durch eine höhere Automatisierung (etwa bei der Spracheingabe, Worterkennung) wird möglicherweise weniger Hilfe benötigt.
- Vernetzung der Teilnehmenden untereinander durch Social Media (Buddeberg und Grotlüschen, 2020)
- Der Besuch eines Alphabetisierungskurses ist häufig mit Scham besetzt. Eine virtuelle Teilnahme kann die Anonymität besser bewahren.
- Herausforderungen bestehen beim Zugang der Zielgruppe zu digitalen Technologien (Buddeberg und Grotlüschen, 2020), dieser ist nicht immer gegeben.
- ...

Aufgabe 2

- Die Qualität der Angebote ist nicht gesichert.
- häufig schnelle Verfügbarkeit und dadurch geringe Lernbarriere
- nah an der Lebenswelt bestimmter Zielgruppen
- Angebotsvielfalt und möglicherweise fehlende Übersicht über passende Angebote
- Herausforderung für „gute" Angebote, sich durchzusetzen
- passende Themen und Formate (rechtzeitig) finden und zur Verfügung stellen (u. a. Zielgruppe erreichen)
- Finanzierung wird vielfach über Werbeeinnahmen gesichert, damit agieren die Anbieter möglicherweise nicht mehr unabhängig.
- ...

Aufgabe 3

- Beispiele:
  Ermittlung passgenauer Weiterbildungsangebote für potenzielle Teilnehmende durch Chatbots und Empfehlungssysteme
- Chancen:
  In der Vielfalt der Angebote können Beratende gerade überregional nur schwer den Überblick behalten. Diese Dienste sind verhältnismäßig einfach anzuwenden.
- Risiken:
  - Datenschutz und ggf. daraus resultierende Skepsis potenzieller Teilnehmender
  - technischer Zugang notwendig
  - Monopolisierung/Bevorzugung einzelner Anbieter, während andere kaum vorgeschlagen werden.

Kapitel 4

Aufgabe 1

- 1969–1980: Kritische Reflexion
- 1981–1989: Qualifizierung: Programmieren, Informationstechnik und EDV (spezifische berufliche Kompetenzen)
- 1997–2009: Internet und Medienkonvergenz (allgemeine Medienkompetenz im Umgang mit dem Internet für die breite Bevölkerung), Ausdifferenzierung des Angebots nach Zielgruppen

Aufgabe 2

individuelle Lösung:
Beispiel: EDV, Computer

Aufgabe 3

Beispiele:

- 18. Jahrhundert: Entstehung von Zeitschriften und daraus folgend die Gründung von bürgerlichen Lesegesellschaften als frühe Form der Erwachsenenbildung
- 20. Jahrhundert: Etablierung von Fernsehen als Massenmedium. Entstehung von Bildungssendungen wie etwa Telekolleg
- ...

Kapitel 5

Aufgabe 1

- Digitale Transformation wird als Veränderungsimpuls auf die Arbeitswelt betrachtet. Betriebliche Bildung leistet einen gesellschaftlich relevanten Beitrag zur Fachkräftesicherung, indem sie Medienkompetenzen fördert.
  - Bedarfsgerechte und individuelle Weiterbildung durch Digitalisierung bspw. über die „Digitale Plattform Berufliche Weiterbildung“ (S. 6)
  - Bereitstellen, Speichern und Verifizieren digitaler Qualifikationen und anderer Lernergebnisreferenzen
- Akteure sind Betriebe/Arbeitgeber, Träger betrieblicher Bildung und Witschafts- und Sozialpartner (z. B. IHK, IG Chemie ...)
- ...

Aufgabe 2

Vorteile:

- hohe Dynamik der Entwicklung und hohes Innovationspotenzial
- Stärkung der (nationalen) Wettbewerbsfähigkeit im Weiterbildungsbereich bei zunehmender Internationalisierung
- stärkere finanzielle Investitionen im Bereich der Erwachsenen- und Weiterbildung
- ...

Nachteile:

- mögliche (negative) Folgen werden zu wenig berücksichtigt (z. B. ethische Fragen)
- Zementierung bestehender Ungleichheiten
- zunehmender ökonomischer Einfluss auf das Weiterbildungssystem
- ...

Aufgabe 3

- geringere Kenntnisse des Marktes
- neue Konkurrenten
- unterschiedliche rechtliche Regelungen (insbesondere bei länderübergreifenden Angeboten)
- ...

Kapitel 6

Aufgabe 1

LinkedIn und Google als privatwirtschaftliche und international agierende Konzerne sind dem Reproduktionskontext Markt zuzuordnen.

Kapitel 7

Aufgabe 3

- Marketing – Zielgruppe ist räumlich weiter verteilt, ggf. weniger mobil. Geringere Bandbreite und Versorgung mit Internet, insgesamt weniger potenzielle Teilnehmende vor Ort als in der Stadt
- Finanzmanagement – weniger Konkurrenz auf dem lokalen Bildungsmarkt, da es im ländlichen Raum insgesamt weniger Anbieter gibt. Die Strukturen im ländlichen Raum werden weitgehend staatlich oder kirchlich getragen.
- Qualitätsmanagement – indiviudelle Lösung
- Personalentwicklung – längere Anfahrtswege für Dozentinnen und Dozenten, diese können durch digitale Angebote (wenn entsprechende Bandbreite vorhanden) verringert werden
- die Organisationsentwicklung – Aufrechterhaltung zahlreicher Standorte und Außenstellen in kleinen Kommunen mit ggf. geringer Bandbreite

Kapitel 8

Aufgabe 2

Im vorliegenden Fall bietet sich die E-Mail-Beratung an. Aufgrund des asynchronen Charakters des Formats haben Ratsuchende die meisten Möglichkeiten, den Beratungsprozess mit der ratgebenden Person selbstbestimmt zu gestalten und sich dabei Zeit für die eigene Reflexion zu nehmen.

Kapitel 9

Aufgabe 1

Phänomene von Professionalität

- Besitz medienpädagogischer Kompetenzen
- Fähigkeit, digitale Medien situationsgerecht einzusetzen
- Fähigkeit, den Einsatz digitaler Medien zu reflektieren
- Fähigkeit, Aufgaben den Mediennutzungsgewohnheiten und Medienkompetenzen der Teilnehmenden anzupassen
- ...

Phänomene von individueller Professionalisierung

- Fähigkeit, den eigenen Kompetenzstand zu bilanzieren
- Erkenntnis, dass die eigenen Kompetenzen ausgebaut werden müssen
- Fähigkeit, informelle und formale Angebote für die eigene fachliche Qualifizierung zu identifizieren
- Fähigkeit, für die eigene Situation passende Angebote für die eigene fachliche Qualifizierung auszuwählen
- Fähigkeit, die gewählten Angebote vollständig zu absolvieren
- Fähigkeit, die Ergebnisse des Lernprozesses zu evaluieren
- Fähigkeit, das Gelernte im Beruf anzuwenden
- ...

Aufgabe 3

1. Informations- und Datenkompetenz
2. Kommunikation und Zusammenarbeit
3. Gestaltung digitaler Inhalte
4. Sicherheit
5. Problemlösung

Kapitel 10

Aufgabe 1

Es handelt sich um Implementierungs- und Maßnahmenforschung, da das Ziel des Projekts im Praxistransfer besteht.

Kapitel 11

Aufgabe 1

Mögliche Probleme wären:

- unterschiedlich hohe Beteiligung verschiedener Bevölkerungsgruppen an Weiterbildung
- hoher Weiterbildungsbedarf bei dynamischen Anforderungen im Bereich der beruflichen Weiterbildung
- Unübersichtlichkeit und Intransparenz des Weiterbildungsangebots
- ...

Aufgabe 2

Mögliche Bereiche wären:

- Präsentation: im Unterricht: Plattenspieler, Videorecorder, Overheadprojektor, Kassettenrecorder, Fernseher, Beamer, Dokumentenkamera, Whiteboard
- Interaktion: Brief, E-Mail, Chat, Messenger
- Distribution: Buch, CD, USB-Stick, Cloud
- ...

Aufgabe 3

zu a) z. B. MOOCS, Bring Your Own Device, Flipped Classroom

zu b) z. B. Learning Analytics, Adaptives Lernen

Autorin und Autoren

Foto: *Sebastian Görner*

Matthias Rohs
Prof. Dr., Professor für Erwachsenenbildung an der Rheinland-Pfälzischen Technischen Universität Kaiserslautern-Landau

Kontakt matthias.rohs@rptu.de

Foto: *DIE/Seifen*

Christian Bernhard-Skala
Dr., wissenschaftlicher Mitarbeiter der Abteilung Organisation und Programmplanung am Deutschen Institut für Erwachsenenbildung

Kontakt bernhard-skala@die-bonn.de

Foto: *Kevin Rupp (Frankfurt UAS)*

Johannes Bonnes
Dr., Wissenschaftlicher Mitarbeiter am Lehrgebiet Mediendidaktik am Institut für Bildungswissenschaft und Medienforschung der FernUniversität in Hagen

Kontakt johannes.bonnes@fernuni-hagen.de

Foto: *Groos*

Julia Koller
Jun.-Prof. Dr., Professorin für Erziehungswissenschaft mit dem Schwerpunkt Erwachsenenbildung/Weiterbildung an der Johannes Gutenberg-Universität Mainz

Kontakt jukoller@uni-mainz.de